神印话度

[英]马丁·J.多尔蒂 著
冯中琳 译

纵观古代
宇宙学与
神魔传说

HINDU MYTHS

FROM ANCIENT COSMOLOGY
TO GODS AND DEMONS

北京时代华文书局

图书在版编目（CIP）数据

印度神话 /（英）马丁·J. 多尔蒂著；冯中琳译. 北京：北京时代华文书局，2025.3. -- ISBN 978-7-5699-5628-3

Ⅰ . B932.351

中国国家版本馆 CIP 数据核字第 2024EH6950 号

Copyright © 2020 Amber Books Ltd, London
Copyright in the Chinese language translation (simplified character rights only) © 2025 Beijing Time-Chinese Publishing House Co., Ltd.
This edition of Hindu Myths published in 2025 is published by arrangement with Amber Books Ltd.
Originally published in 2020 by Amber Books Ltd.
Simplified Chinese rights arranged through CA-LINK International LLC.

北京市版权局著作权合同登记号 图字：01-2020-1292

YINDU SHENHUA

出 版 人：陈　涛
责任编辑：胡元曜
责任校对：李一之
装帧设计：程　慧　迟　稳
责任印制：刘　银　訾　敬

出版发行：北京时代华文书局 http://www.bjsdsj.com.cn
　　　　　北京市东城区安定门外大街 138 号皇城国际大厦 A 座 8 层
　　　　　邮编：100011　电话：010-64263661　64261528

印　　刷：天津裕同印刷有限公司
开　　本：787 mm×1092 mm　1/16　　成品尺寸：185 mm×260 mm
印　　张：13.75　　　　　　　　　　　字　　数：264 千字
版　　次：2025 年 3 月第 1 版　　　　 印　　次：2025 年 3 月第 1 次印刷
定　　价：99.00 元

版权所有，侵权必究
本书如有印刷、装订等质量问题，本社负责调换，电话：010-64267955。

目 录

引 言 / 1

第一章　宇宙学与传说 / 13

第二章　神明 / 47

第三章　史诗巨著1：《罗摩衍那》/ 93

第四章　史诗巨著2：《摩诃婆罗多》/ 129

第五章　《往世书》/ 181

第六章　圣人、帝王等古代先贤 / 195

引 言

印度教是现代世界的第三大宗教，绝大多数信徒都居住在印度，因此世界上其他地方的人对印度教知之甚少。然而即便如此，人们也知晓印度教信徒崇拜的神明众多，甚至能勉强说出几个神明的名字，但也仅限于此。印度教似乎总让人捉摸不透。

　　印度教并不只是一种简单的信仰。印度人普遍认为，印度教作为一个庞大的宗教，因地而异，然而基本理念是相同的，他们都承认世界殊途同归。
　　印度教的核心思想是萨纳坦钠·达摩（Sanatana Dharma），即"永恒之道"，强调宇宙和生命的永恒真理与道德法则。萨纳坦钠·达摩的诞生早于印度教。"印度教"（Hinduism）是一个比较新的词，由19世纪早期的英国人创造。这个词源于印度河流域，也就是我们认为的印度教发源地，最开始是一种文化符号，而非宗教

对页图：摇灯礼，又称"燃灯仪式"，是最常见的印度教仪式之一，一般用于典礼上敬拜神明，也可表达对圣人、圣地或圣物的敬意。

符号。后世印度众多古籍都有提及达摩，因而现代许多印度教信徒倾向于称自己是达摩的拥趸或者吠陀教的信徒。

历史起源

事实上，印度教没有明确的起源时间，先知或救世主也没有告知信徒膜拜神明的具体途径，世间更没有多少人就普遍真理著书论说，有的只是各种各样的宗教习俗，同源神话中千变万化的分身，以及数不胜数的迥然不同的传说。正是这种多样性成就了今天的印度教，没有一个派别敢宣称自己是"唯一正统的信仰"，更不会虔诚地认同他派才是信仰的源头。

有学者认为印度神话源于原始印欧神话，其伴随着欧亚部落和群体的迁移流传开来。原始印欧系语言的传播有史为证，而思想和神话便是由语言承载的。所以，虽然我们尚不清楚印度教的确切起源，但大众普遍将黑海和里海以北视为印度教的发源地。

因为起源相同，人们相信印度神话与欧洲神话之间存在诸多联系。二者相似的理念是其同根同源的基础，而这些理念当然并非各自独立发展形成的。部落、族群在迁徙过程中，将自己的神话带到了新的落脚点，但新居所在地可能早已衍生出他们较为熟悉的神话故事。设想一下，在新居寻找往日被人们遗忘的神话未必不是一件趣事。

与印度教有关的最古老的典籍是大约公元前1700年以梵文写成的《吠陀经》（Vedas）。据史料记载，其成书时间恰好与中亚雅利安人到达印度的时间吻合。雅利安人的到来一直被冠以"入侵"或"征服"之名，但事实上更多的是民族迁徙与民族融合。当代历史将"雅利安"（Aryan）定性为贬义词，但在古代，它却表示"文明"。雅利安人入侵时，印度文明已经开始走向衰落。他们的政治夺权斗争并没有以大规模流血事件为代价，这一史实有案可稽。而伴随雅利安人到来的，还有他们的语言和思想观念，自然也包括他们的神话故事。

诚然，这并不是印度教的开端。《吠陀经》确实记载了雅利安人的传统，但这些传统早已与当地人的传统混在一起，无法明晰地分辨出来。据史料记载，早在公元前5500年，这一地区就出现了有组织性的宗教活动。所以，《吠陀经》中记载的故事很有可能已经口述相传了几千年，而到了大约公元前1700年人们才用文字记录下来。

《吠陀经》既自相矛盾，也自圆其说，当中的细节不清不楚。这些经文不仅假定读者具备了一定的知识储备，还有诸多内容是专供那些经过训练、知晓经文破译之法的祭司使用的。《吠陀经》中描述的诸神基本都与大自然中可观察到的自然现象有所关联（比如风暴或火灾），通常也被视为印度某些神明的雏形。

自公元前1000年开始，印度的宗教习俗发生了变化。祭司阶层丧失了对社会的控制权，正式的宗教仪式转变为更具个人特色的宗教形式。公元前800至前500年，《奥义书》（Upanishads）收录了一项全新的宗教形式，这一形式源于众人席地而坐聆听宗教人士讲

上图：《广林奥义书》（Brihadaranyaka Upanishad）是一部神学作品，由伟大的圣人耶若婆佉（Yajnavalkya）所著。由于史料久远及后人的修改，具体的创作时间已经很难确定，大众普遍认为其成书于600至900年。

经布道的场景。

因为《奥义书》囊括了众多学者的思想观念,所以书中观点差异巨大也就见怪不怪了。该书完全符合印度教信仰的基本宗旨,即宇宙无边无际,且纷繁复杂,然而天地之间,人不过是沧海一粟。更重要的是,每一个学者的观点都有可取之处,他们的成果虽然不是普遍真理,却始终助力后人厚积薄发,行稳致远。

基本宗旨

《奥义书》的观点丰富多样,大众普遍认同的一些观点为现代印度教信仰夯实了基础。印度教教义认为,世间生灵皆有内在或灵魂,也就是自我,自我在无尽的生死轮回中重生,当超脱于生死轮回时,自我便可与宇宙合为一体,呈现出一种完美状态。其间,羯

下图:火葬让灵魂抑或是自我得以解脱,使之继续开启轮回转世。在众多宗教仪式中,火都是一个必不可少的元素,它帮助世间的凡人与神明交流。

术语

自我（Atman）：内在或灵魂
达摩（Dharma）：行善积德的生活之道
羯磨（Karma）：因果报应
超脱（Moksha）：解脱，从生死轮回中释放
涅槃（Nirvana）：从生死轮回中逃离
轮回（Samsara）：生死轮回

磨会引领我们一步一步走向解脱，我们的所有行为都会对灵魂产生影响。尽管这并非一时之功，但羯磨早已为转世写好了结局，且好坏各异。如果积德累善，超脱于生死轮回将触手可及，反之则会堕入无尽的生死轮回，但仍有超脱的机会。

实现超脱的正确道路便是达摩之道。达摩之道讲究明辨之、笃行之，它既是责任和义务，也是处世之道。达摩之道因人而异。如果一位士兵的行为是正义之举，那他可以通过暴力获得羯磨。达摩之道是一个人履行自己的职责和义务（由他在社会中的地位决定），而非某种特定的行为规范。就这一点而言，《奥义书》与《吠陀经》大不相同，后者以举行正式的宗教仪式为重点。

印度教的核心理念认为，每一个自我都不是真正意义上的个体，独立存在是一种假象，所有灵魂都是这伟大宇宙或梵（Brahman）的一个组成部分，每一个得以解脱的自我最终都可以结束苦难与孤独的轮回，最终回归宇宙，就像每一滴水终将重归大海。

印度教最令外界困惑的问题莫过于神明的数量究竟是多少，以及是一神独统天下，还是诸神共分天下。任何一种答案都没有对错之分。大部分人认为，印度教有诸多神明，但都出现在宇宙的诞生之后。印度教各派别都认可梵，且将其视作一位神明或整个宇宙，抑或是宇宙的灵体。关于梵的性质，以及其是否独立或归属于宇宙实体，是否与宇宙实体处于既分离又联系的状态，各派别又都各执

> 达摩之道是一个人履行自己的职责和义务（由他在社会中的地位决定），而非某种特定的行为规范。

羯磨与团体

羯磨理念虽已被改得面目全非，但仍在当代大众文化中广为流传，人们常常用它来形容"种恶因遭恶报，种善因得福报"，这已与原意大相径庭。然而，仍有众多非印度教信徒对羯磨的宇宙论深信不疑。

羯磨借大众文化的外衣存世，这种观点毫无依据可言，但因影响力真实可见，又似乎表明确实如此。在众人看来，越是终日郁郁寡欢，厄运就越有可能降临。当然，这种情况极有可能是自身行为造成的。比如，背负业障的受害者本可以帮助其他人免遭厄运，但最终选择了退缩；反之，愿意伸出援助之手或至少不会落井下石的人，他们的福报总是会悄然而至。

印度教教义和当代大众文化认为，功德业障与人类善恶之间的对应关系并非巧合，大多数宗教教义都倾向于构建一个长久且稳定的团体。盗窃、谎言等业障会给社会埋下隐患，只有社会成员均与人为善才能实现共同繁荣。印度教的羯磨理念主张一种有益于社会全体的奉献精神，即"我为人人，人人为我"。

一词，但这并不会构成矛盾。印度教教义始终认为，在浩瀚无际的宇宙中，人类的理智微不足道，如人类般渺小的所有生物根本无法理解宇宙的真相，只有通过皈依梵以实现超脱，才是唯一的正途。

古印度人的居住地与文明

要想了解一门宗教，就必须了解与之相关的社会和文化背景，以及经文化沉淀后的历史。印度教历史悠久，早在被文字记录及城市建成之前就已经存在了。印度神话对此也有所提及。

早在现代人类出现之前，印度次大陆就已经有人类居住。现代人类的祖先海德堡人离开非洲后向东迁徙，很有可能在其他同类进入欧洲前就已经抵达印度。这场数万年前的迁徙是少数族群为找寻狩猎捕食之地而踏上的艰辛之旅，并不是单纯的大规模人口迁移。

就这样，人类社会从游牧发展为定居，开启了有组织性的农业生产。据史料记载，早在公元前9000年，印度河流域就已经开始了零星的农耕作业，但农业社会的发展进程相对较为滞后，这一时

> 与灿烂的古埃及文明和美索不达米亚文明的诞生一样，印度河流域孕育出了伟大的印度河流域文明，河流的存在满足了人们便利运输、农业灌溉和日常用水的需求。

期人们还驯化了大象等动物。公元前4500年左右，人们开始修建水渠，用于灌溉作物和处理污水。

与灿烂的古埃及文明和美索不达米亚文明的诞生一样，印度河流域孕育出了伟大的印度河流域文明，河流的存在满足了人们便利运输、农业灌溉和日常用水的需求。人们相信，印度河流域文明始于公元前5000年左右，并经历了早期、中期和成熟期三个阶段。今天，我们仍然能够看见公元前3000年左右，也就是第二阶段末期的古老城市遗址。

这座城市的原名尚未可知，它因毗邻一座现代村庄而被现代人命名为哈拉巴。该地凭借遗存的青铜时代文物而名噪一时，但在19世纪因他国掠夺其建筑材料而遭到严重损毁。因而后人对这一时期

左图：英国的殖民统治对印度的种姓制度产生了重要的影响，甚至使其衍生出更加严苛的阶级制度。即便我们对印度文化知之甚少，也能推断出这张照片（拍摄于1922年）中的儿童来自印度的贵族阶级。

印度神话

的印度河流域文明知之甚少。据估算，哈拉巴大约有3万人，主要使用石器时代晚期和青铜时代早期的技术。

公元前3000年左右，青铜工具的使用大大地推动了文明的进步，印度河流域文明迎来了成熟期，这一时期以摩亨佐·达罗为标志。此地虽然算不上一座真正的城市，但具备了一定的防御工事，也设有类似于防洪的工程。摩亨佐·达罗的城市规划工整、布局精心，却在公元前1900年左右，于印度河流域文明的衰落过程中陷入没落。约400年后，整个印度河流域文明更是江河日下。

雅利安时代

当时，雅利安人从西北进入印度。印度河与恒河周边的平原水草丰美，沿河两岸的文明蓬勃发展。雅利安人究竟是征服了当时的土著居民，还是凭借自身的强大优势直接进入统治阶层，这一点

种姓制度

很早以前，印度的种姓隔离可能并不严格，但随着时间的推移，社会各阶层之间的交往和互动还是受到了限制。英国殖民者推行了简单而严厉的社会规则，以减轻行政负担，这可能是其中一个诱因。其间，不同阶级的人不允许通婚，不同阶级的居住地享有不同的公用设施，例如水井是贵族专用。而在古老时期的印度，可能并不是这样的。

据典籍记载，种姓制度源于神我（Purusha），神我是为创世而献身的一位原始神明。

- 婆罗门（Brahmins），第一等级，专指学者与宗教人士，据说来自神我的头部。
- 刹帝利（Kshatriyas），第二等级，专指勇士与政治领袖，据说来自神我的臂膀。
- 吠舍（Vaishyas），第三等级，专指商贾与农民，据说来自神我的大腿。
- 首陀罗（Shudras），第四等级，专指不熟练的工人，据说来自神我的双脚。
- 达利特（Dalits），第五等级，专指"不可接触者"阶层（又称"贱民"），并未被纳入种姓制度。

此外，各种姓群体还会根据每个人扮演的社会角色来进行细分。现代印度社会曾试图废止种姓制度造成的歧视，尽管略有成效，但已经是积重难返了。

我们尚不得知。但可以肯定的是，雅利安人掌控了印度的政治话语权。

伴随雅利安人而来的，还有他们的语言和文化，也就是吠陀（Vedic）。"吠陀"源自原始印欧语言，是梵文的雏形。与印度教有关的早期文本就是用吠陀记载的，其中既有雅利安人的神话，又有印度人的神话。种姓制度的起源可以追溯到这一时期，但它也有可能是因文化交融而衍生出的地方性传统，并非雅利安人故意为之。

雅利安人统治印度期间，种姓制度开始兴起，且影响力与日俱增。站在种姓制度顶端的是学者和宗教人士，次位是勇士与政治领袖，接着是商贾与农民，再往下是不熟练的工人；而最底层的人从事的是非常低贱的工作，可能连组成一个社会阶层的资格都没有。

雅利安人主导形成的印度河流域文明拥有正式的宗教仪式，由势力庞大的祭司们主持进行。直到公元前1000年左右，许多教义开始受到质疑。伴随着其他城邦的崛起，宗教发展也更倾向于个人化。此外，耆那教和佛教的出现更是将这一趋势推向了高潮，而印度教自身也呈现出更加多元化的特征。

入侵与帝国

公元前5世纪，印度囊括了众多的城邦和王国，各种冲突频频上演。公元前530年，波斯侵袭印度北部城邦，促进了两地文化的融合。在亚历山大大帝（Alexander the Great）推翻波斯统治之前，印度一直受波斯统治。公元前323年，大帝薨逝，亚历山大帝国随即四分五裂，但仍在印度河流域留下了一支实力雄厚的希腊势力。

不久之后，旃陀罗笈多（Chandragupta）填补了此地的权力空缺。他推翻了摩揭陀王国并建立新的帝国，史称"孔雀王朝"，将几乎整个印度和周边地区收归旗下。公元前185年左右，孔雀王朝灭亡，印度分裂成了多个城邦和小国，虽然没有统一，彼此却并不孤立。譬如多年以来，印度与埃及之间的贸易合作一直发挥着重

印度的历史亦是印度教的历史。古代印度神话记载了大量亦真亦假的政治事件，有些甚至是被扭曲了的，但这种俗世的"历史"仍为后人一窥现代印度教的形成过程提供了难得的资料来源。

要作用，而罗马帝国征服埃及后，更是为印度的发展创造了全新的机遇。

直到公元3世纪，出身吠舍阶层（可能是商人）的室利·笈多（Sri Gupta）为印度社会开启了改革之门。他不仅跨越了传统的种姓制度，还推动了艺术、文化和科技的发展。他发展了印度的佛教事业，建造了佛教建筑，还创作了经典著作，甚至在盛行印度教的地区推动了佛教的发展。但没多过久，也就是公元550年左右，新帝国笈多王朝就没落了。

更深远的入侵

笈多王朝灭亡后,印度由一位名叫哈什瓦得汗(Harshvardhan)的王室继承人统治,但很快又陷入分崩离析。与此同时,伊斯兰势力入侵了现在的巴基斯坦地区,并建立起穆斯林统治。最终,莫卧儿帝国崛起,在16至18世纪统治印度,在那之后,王朝势力持续衰落。莫卧儿帝国虽然推崇宗教宽容,但偏偏把印度教排除在外,他们不仅焚毁印度教寺庙,而且借律法剥夺印度教人士的参政权。锡克教信徒也遭到迫害,而对莫卧儿政权怀恨在心。

18世纪上半叶,莫卧儿帝国已是西风残照,而后又遭阿夫沙尔王朝君主纳迪尔沙(Nadir Shah,彼时亦是伊朗君主)重挫,更是雪上加霜。他统领的伊朗大军大肆抢掠物资,使印度陷入一片狼藉。莫卧儿帝国的残余领地后被马拉地人占领。

与此同时,自18世纪中期开始,英国在印度的势力一直有增无减,先是成立了东印度公司,而后建立起印度帝国。直到1947年,印度才摆脱了英国的殖民统治,实现国家独立。而尽管佛教、伊斯兰教和锡克教等其他宗教在这片土地上拥有众多信徒,但印度教始终是印度次大陆上的主流宗教。

印度的历史亦是印度教的历史。古代印度神话记载了大量亦真亦假的政治事件,有些甚至是被扭曲了的,但这种俗世的"历史"仍为后人一窥现代印度教的形成过程提供了难得的资料来源。

对页图:"奥姆"(Aum)是一种重要的印度教标志,象征着三个极其关键的事物,即世界、神明和经典。《奥义书》与《往世书》(Puranas)就探讨了奥姆涵盖的多个重要领域。

1

第一章
宇宙学与传说

印度教典籍对宇宙的形成及其性质的记录寥若晨星，猜想和疑问却浩如烟海。它们并没有直接给出答案，而像是在鼓励人们自己去探索宇宙的奥秘。但诸多记录表明，印度教信徒认为，凡人想要一窥浩瀚无际的宇宙根本就是天方夜谭。

  印度教和其他宗教对宇宙的认识有诸多相似之处，非常有可能的是，后者的认识也源自原始印欧神话，虽然它们之间有完全相悖的一面。譬如，尽管当时的世界存在各种野蛮的文化主张，但同一历史时期的印度文明（或欧洲文明、非洲文明）与新兴的美洲文明之间根本毫无关系。

  宗教跨越千山万水后仍如出一辙，究其根本，大概率是因为人类的经历相似，而并非因为分享了同一个故事。有人认为世界伊始一片混沌，也有人相信是海洋孕育了世界，还有人笃定是献祭

对页图：湿婆（Shiva）是世界闻名的印度主神之一，其第三只眼睛可以窥见缥缈尘世后的真相。他能用神火毁灭目之所及的一切事物。

创世，类似的传说不胜枚举。而这些古老的传说与印度神话之所以大同小异，大概是因为它们都在描述同一个宇宙真相。印度神话认为，宇宙殊途同归，而同一个神明一定是在不同的地方借不同的名字长存于世。

《吠陀经》

《吠陀经》并非个人专著，而是一本合集，是多位撰文者经年累月从不同角度全面阐述各自主题的思想结晶。撰文者全神贯注于文章本身，早已忘却了个人身份，这在古代著作中并不常见。古代其他著作中多少包含一些撰文者的自我推荐文字，再不济也会加上基本信息及所处时代。

《吠陀经》共四部，由多位作者用梵文撰写而成，风格各异。《梨俱吠陀》（*The Rig Veda*）是一本赞美诗合集，重在背诵；《娑摩吠陀》（*The Sama Veda*）侧重吟唱，与前者相比各具特色；《耶柔吠陀》（*The Yajur Veda*）记录的是用于祭祀的各项宗教礼仪；《阿闼婆吠陀》（*The Atharva Veda*）包含的则是与日常生活相关的赞美诗和祷文。咒语也好，祷文也罢，都是为了帮助信徒实现个人诉求，如摆脱病魔、赢得伴侣芳心等，堪称"生活指南"。

《梨俱吠陀》（有关诗歌的记载）成书于公元前1700至前1100年，是最古老的吠陀典籍。当时的印度河流域文明已经走向没落，转由雅利安人掌控。然而，《吠陀经》虽然是由雅利安人撰写的，但是依然印证了雅利安人内部不同宗教文化的融合，以及其与印度河流域文明的共生。

《梨俱吠陀》包含1028首诗歌，共10册。大部分人认为，第1册和第10册是最后完成的。在其正式成书之前，诗歌都靠口述累世相传，因此有很多常见的错误。而准确的文字版《吠陀经》一定是要永世流传的，这就要求必须行文通顺，且押韵得当。

《梨俱吠陀》频繁提及了宇宙的形成及其性质，但大部分内容

《梨俱吠陀》（有关诗歌的记载）成书于公元前1700至前1100年，是最古老的吠陀典籍。

相互矛盾，只有一小部分简单明了。这会让人觉得它记载的是吠陀时代的宇宙学知识，而不是释疑解惑之书。书中大多数人物的原型是印度教的神明，要么具备其身上的某一特质，要么是其前身。

《娑摩吠陀》（有关圣歌的记载）成书于公元前1200至前1000年，大部分内容来自《梨俱吠陀》，因此起源也较为古老，其所含圣歌和乐曲适用于正式典礼，也有专为个人冥想而著的内容。

《耶柔吠陀》（有关祭文、仪式的记载）与《娑摩吠陀》差不多在同一时间成书，主要用于正式典礼。在进行宗教仪式的过程中，祭司通常会诵读祭文。其大部分内容也选自《梨俱吠陀》，但稍有修改。

《阿闼婆吠陀》（有关巫术、咒语的记载）包含731首诗歌，内容大多有关日常生活中的宗教仪式、赞美诗或符咒，但标题常常令人误解。其内容有大约六分之一摘自《梨俱吠陀》，成书于公元前1200到前1000年，具体时间尚未可知。相关资料显示，该书有一

上图：现代《梨俱吠陀》完整复制了原稿，但也有诸多版本，有的版本甚至融入了后世其他作品的内容。所谓"原版"的《梨俱吠陀》已经很难分辨了。

印度神话　　15

部分内容乃是后人所撰。

《婆罗门书》与《森林书》

《婆罗门书》（The Brahmanas）是对《吠陀经》所做的注释，成书于公元前900到前700年。尽管书中内容的出处不尽相同，但都是虔诚的信徒写下的文字，记录了他们各自评述有关吠陀时代的传说的丰富内容。

《婆罗门书》里的注释主要是用来解释和指导各种宗教仪式的。如果某种仪式受到干扰或者程序有误，人们便可以从书中找到指示。吠陀时代的人们尤为重视仪式，因为正确的程序与仪式是保持宇宙平衡、延续不可或缺的因素。

《森林书》（The Aranyakas）与《婆罗门书》在许多方面都非常相似，但前者涵盖的内容是哲学思想，而不是对传说进行评述。值得一提的是，著书者认为远离尘世、亲近自然才是修习之道。他

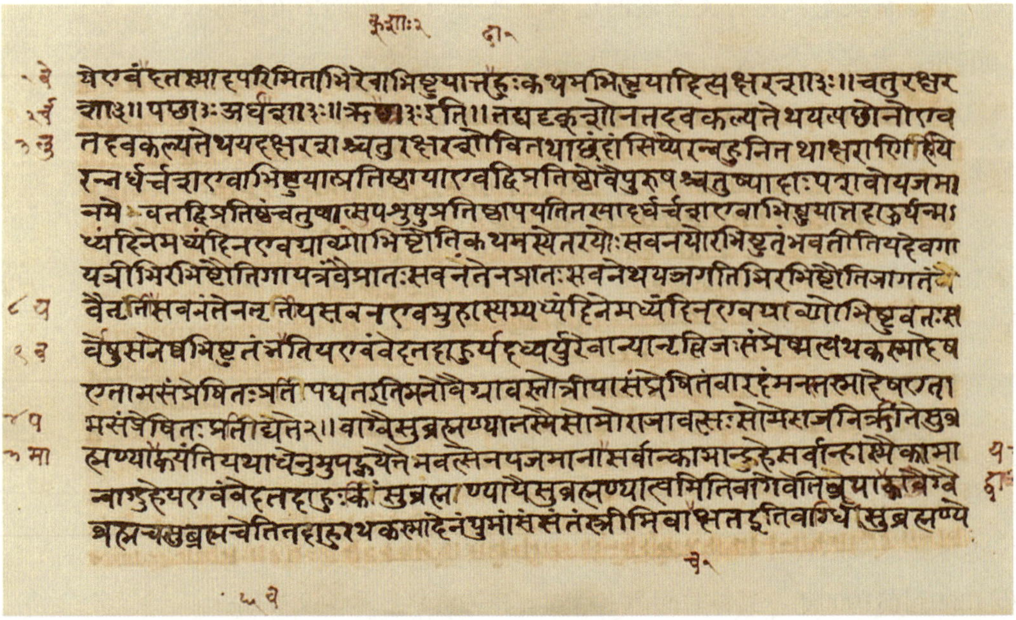

下图：《爱达雷耶梵书》（Aitareya Brahmana）为马西达萨·爱达雷耶（Mahidasa Aitareya）所著，内容包含大量对《梨俱吠陀》的注释，讲述了与圣歌相关的仪式，还有很多其他独到的见解。

建议，宗教导师和信徒之间应该举行一场即兴的甚至是秘密的会面，也就是一场不那么正式的见面，所以，"在森林修习"可能是为了"摆脱枯燥无味的正式仪式"。基于这一点，《森林书》更倾向于发展《奥义书》所述的个性化宗教，而非传统的宗教仪式。另外，这两本书成书之时，恰巧是祭司阶级丧失社会主导权的时候。这也就解释了为什么《森林书》建议信徒远离祭司掌控的人群，毕竟他们更喜欢引用《吠陀经》里的经典传说，而不是鼓励每个人寻找自己的答案。

《奥义书》

与早期作品相比，《奥义书》代表了更具个人色彩的宗教。尽管与吠陀典籍不同，但它的出现并不令人意外。《奥义书》的成书时间可追溯到公元前6世纪，大约是首部《吠陀经》面世后的一千年。在随后的几个世纪里，与最初的《奥义书》风格一脉相承的其他作品也相继问世。

《奥义书》呈现了在普遍法则或零神（Deity 0）指导下的宇宙模样。零神无处不在，藏身于凡人的自我。每个人都是梵的一部分，如沧海一粟般渺小，但所有人在一起便构成了真实的宇宙。凡人的智慧并不足以揭开宇宙的真相，我们能做的，就是努力思考宇宙的真相，并尽可能地寻找意义。

《奥义书》并不关心世界混沌初开、日臻完善的过程，而对有关宇宙性质的哲学问题很上心。《奥义书》问世时，恰逢印度社会遭受巨变，它的内容贴切地折射出了大众面对平凡生活时内心产生的茫然和不安。

《奥义书》并不关心世界混沌初开、日臻完善的过程，而对有关宇宙性质的哲学问题很上心。

《往世书》

《往世书》与早期著作的不同之处在于，它相对有序地呈现了

上图:《往世书》的每个章节不仅有关一些重大主题,还涉及历史、地理、哲学、家庭祈祷及国家统治等内容。《往世书》就是一本朝圣指南。

不同的主题。但由于它是早期多部作品的汇编,所以与其他典籍一样充满了矛盾和疑问,这一事实无可争辩。《往世书》讲述的诸多故事早已在不同地方历经了几百年的变化,自是不可能融合为一个完整、清晰的故事。

印度教不同于其他宗教,其信徒并没有对传说进行大规模地整理,或是创建一个众人认可的"正宗"版本。《往世书》中的传说都是人们照"实"记录的,听之即记之,内容前后不连贯、相互矛盾且模棱两可。就这样,神的传说,以及地理、历史等知识,伴随着当时的税收、社会组织和战争情况一一被记录了下来。

史诗

《罗摩衍那》（*Ramayana*）是印度第一部史诗，成书于公元前400至前200年，它以诗歌的形式隐喻了印度人在抵抗雅利安人南下入侵的战争中做出的英雄事迹。书中众多英雄是勇士、王子们的理想化身，他们诚实可靠、坦诚直率、坚强不屈。

《摩诃婆罗多》（*Mahabharata*）与《罗摩衍那》差不多在同一时间问世，随后数十年里，有多位作者曾对《摩诃婆罗多》进行增编。其中，作为增补内容的《薄伽梵歌》（*Bhagavad Gita*）一直都被视为杰出的宗教作品，为人们这一生该如何行善积德指明了方向，影响了印度教等众多宗教。

下图：这是《罗摩衍那》中的一个场景，描绘了王子罗摩（Rama）与其弟弟罗什曼那（Lakshmana）在攻打楞伽城时遭到娜迦族（Nagas）攻击的画面。此战中，罗摩与同伴并肩作战，打败了恶魔，并营救出了他的妻子悉多（Sita）。

印度神话

印度神话

> ### 唯一的真相？
>
> 在历史长河里，凡人想从车载斗量般的著作里整理出唯一"正宗"的神话是难如登天的，然而，想弄清楚某个群体在某一时期内信奉的神话并非没有可能，但充其量也只是某个地域内神话的大致面貌。
>
> 凡人能做的就是在广阔且多样的神话中尽情遨游，并试着一窥全貌，但也仅止于此。而且，结果如何还需取决于读者的个人偏好。书中自有真相，可真相却因人而异。
>
> 所有的神话可能都是真的，也可能都是假的，还可能有真有假，且这三种可能性又以某种人类无法理解的方式同时存在着。唯一的普遍真理可能就是梵，即潜在的宇宙法则。如果是这样，那么凡人理解真理的唯一途径就是皈依梵，以实现解脱。归根究底，思考这些矛盾如同学习神话一般，也是一种有效的活动。

《梨俱吠陀》中的宇宙诞生

《梨俱吠陀》中关于宇宙诞生的描述是神秘莫测的，甚至质疑多过解答。书中写道，宇宙伊始处于一种既非存在，也非不存在的状态，没有空气，没有天空，没有死亡，更不存在不朽。但它似乎拥有无限的能量，处于一种可以产生万物，却还未产生万物的混沌状态。

关于宇宙能量的讨论也曾出现在其他宗教的教义里，现代宇宙学对其也有解读。现代的科学观点认为，在宇宙大爆炸的那一刻，一种无形的潜能便产生了，这是一种尚未成形的能量。《梨俱吠陀》认为，创世之前的宇宙状态并不为众人所知，现代宇宙学对此表示认同。而无论是吠陀典籍，还是现代物理学都无法解释或模拟当时的情况。

《梨俱吠陀》将无形的宇宙称为"那一件事"（That One Thing），涵盖现今仍然存在及可能存在过的万事万物，它可能是一个点、一片地域或者一方宇宙，但这当中的差异并没有什么意义。宇宙"自主呼吸"，因此生成欲望与精神。当然，这一生成过程并不是凡人能够理解的。

对页图：在《罗摩衍那》中，恶魔罗波那（Ravana）绑架了罗摩王子的妻子悉多，挟持她驾驭战车飞驰离去。秃鹫之王阇陀尤（Jatayu）曾试图阻止这场阴谋，却遭到了致命一击。

科学与神话

现代科学的基础是现象观测和逻辑推断，众多神话可能也是如此。当代宇宙学家可以使用精密的科学仪器收集数据，用电脑完成庞大的数据运算，而最终阐述地球自转造成昼夜交替的数学模型则可能是当代关于宇宙形成最科学的解释。最新的数据或观察结果有时还会推翻已被大众认可的科学理论，或修正现有理论。对新理论最重要的检验之一是看它是否符合现有认知，以及是否精准地预测了新发现。

事实上，神话都大同小异。古代哲学家没有射电望远镜，他们能做的就只是仰望天空，试着为自己的所见所闻寻找答案。星星以一种可预测的方式移动，夜晚渐渐滑落，白昼缓缓升起；月亮以一种与星星不同的方式穿过天空。太阳神乘驾战车横跨天空这样的宗教信念就是当时的科学，古人知道战车，进而就推测出这也是太阳可以穿过白昼的天空的原因。将科学方法用于解释神话故事或许是一个行之有效的办法，如果神话言之有理，现代科学也未必会否认。众所周知，太阳并不由神的战车驱动，至少在绝对的物理意义上来说不是，但这一观点并没有从隐喻或玄学的角度上被否认。神明与其对手之间的神话对干旱、死亡、战争及宇宙形成，还有人类未探明的一切宇宙真相都做出了解答。

科学确实向我们提供了更多关于宇宙真相的细节，但也带来了更具体的问题。我们可以构建一个模型来研究太阳系天体之间相互的重力影响，预测未被发现的天体，以此来证明这个模型的正确性或近似正确性。但是，为什么物质会以这样的形式表现出来？为什么天体之间会存在引力？也许万物的自然秩序就是答案，而印度教教义当然也这样认为。

《梨俱吠陀》承认自己无法给出答案，因为宇宙中的所有生灵都对宇宙一无所知。就算是提婆（Devas），其诞生也晚于宇宙的形成，因此对宇宙的形成过程也是无从知晓。《梨俱吠陀》甚至认为，无论创世者以何种方式开创宇宙，抑或是没能开创宇宙，他应该能知晓个中原委，又或者不能。

一切都模糊不清，但并不令人困扰。人类根本无从知晓宇宙的形成，而有意识的创世之举是否存在我们也不得而知。万事万物都始于宇宙形成之后，因此万事万物连假想创世之前或宇宙之外是什么样子的机会都没有。

神话与现代宇宙学再度重合了。宇宙在大爆炸时开启了"自主呼吸"，换言之，宇宙开始臣服于支配自身能量与相互作用的基本规律。

也就是在此刻，秩序从原始宇宙的无形混沌中走了出来，现代物理学模拟预测出的相互作用也开始显现，宇宙中所发生的一切都开始变得清晰明了。但是，我们对大爆炸之前的情形仍然一无所知。

吠陀时代的传说中有着不同版本的创世故事，其中一个与达尤斯（Dyaus）有关。达尤斯是天空的化身，他为地母婆利蒂毗（Prthivi）降下甘霖以滋养万物。还有一个故事是关于"宇宙人"（Cosmic Man，可能是指梵天，Brahma）的。宇宙人是一个雌雄同体的生物，他将自己分为男女两部分以繁衍生息，进而创造了宇宙。虽然这些神话看似简单又合乎逻辑，但是它们和无形的能量，以及物质乃创世之根本这种更具普遍性的观点是相互矛盾的。

宇宙之卵

《梨俱吠陀》中提到了金卵（Hiranyagarbha），即宇宙之卵（或宇宙之子宫），是她孕育了造物主。这位神明在不同的故事中

下图：在《罗摩衍那》中，阿周那（Arjuna）成就了自己的伟业，他的战车由奎师那（Krishna）驾驭。奎师那是毗湿奴（Vishnu）的化身，他教导阿周那学习哲学和宗教，将其带到真实及虚幻之地。

印度神话

被赋予了不同的名字，随之而来的是不同的创世故事；有些名字是用来描述其存在，而非定义其存在的。

宇宙之卵内部的神明被称为"生主"（Prajapati），也就是造物主，但他不一定是宇宙的创造者。由于肩负着守护生命的重担，很多神明都以生主为名。因此，凡是提到宇宙之卵包含生主，都可以理解为它包含了"一个创造者"，生主并非特指某个具体的存在。生主常常等同于梵天，他与毗湿奴、湿婆组成了三相神（Trimurti），他们可以创造、维持和摧毁宇宙。

> 无论如何命名，宇宙之卵内部的神明都被认为是诸神之神，即万物之主。

无论如何命名，宇宙之卵内部的神明都被认为是诸神之神，即万物之主。他在卵内部修炼一年后，宇宙之卵会分裂成两部分，一半是上界，指的是天国古域；另一半是大地，即尘世。为了继续掌控这个世界，梵天又创造了七位神明。在某些版本的神话中，梵天先是变成了毗湿奴，肩负起保护世界的责任；后又变成了湿婆，随时随地准备摧毁这个世界。

另有一个创世故事也讲述了三相神的相互转化。湿婆摧毁宇宙之后，世界便成为一片汪洋，海面上漂浮着一条名为阿难陀（Ananta）的毒蛇。毗湿奴酣睡之时，阿难陀便在一旁守候，直到他创造出新的宇宙。就这样，毗湿奴的肚脐上生出一朵莲花，梵天出现了。毗湿奴后又指导梵天造宇宙、生万物。

宇宙循环

吠陀时代的传说认为，时间没有起点，也没有终点。宇宙（及某些时刻人们臆想出的无数其他宇宙）始终在经历一场毁灭与重生的永恒循环。梵被视为创世者或宇宙的基本原理，是世间唯一的永恒存在，世间万物都是梵的一部分，在片刻地存在过后，又会回归梵。以此为背景，我们可以从一个与众不同的角度来看待毁灭与重生的循环。"创世"是指世界的某一部分成为独立于梵的存在，"毁灭"则是指该部分回归梵。已形成的物质世界和所有生灵永远

TYPE SYMBOLIQUE DE LA CRÉATION BRAHMANIQUE.

左图：宇宙之卵（又被称为"黄金子宫"）以外的世界空空如也，但这里蕴含万物原本的无形潜能，创世历程让这种原始潜能得以形成一个充满生命的宇宙。

不会停止被梵的法则支配，但因与梵分离，因此精神日渐衰弱。而在宇宙毁灭之前，万物还有机会重新回归梵。据说，毁灭与重生这一循环共有四个时代（Yuga）。第一个时代是圆满时代（Satya Yuga），这段黄金时期长达1728000年，其间人们无须劳作，所愿

上图：在圆满时代，恶魔黑冉亚克沙（Hiranyaksa，又名金目）偷走了地球，即大地女神苦弥（Bhumi），并将其藏在海底。毗湿奴化身公猪筏罗诃（Varaha）与黑冉亚克沙打了一场恶仗，拯救了世界。

即所得，没有疾病，没有痛苦。每个人都抛开了一切尘世的欲望，死后都可以进入天堂，获得启迪。

第二个时代是三分时代（Treta Yuga），共延续了1296000年。凡人受物质的诱惑，不再如往昔般对宗教仪式和宗教信仰尽心尽力。但这也许并不是巧合，因为此时人类已经开始学习耕种、采矿和金属加工。

第三个时代是二元时代（Dvapara Yuga），长达864000年。凡人的精神世界受到了污染，困于疾病和战争，幸福生活已成为奢望。此时，宇宙已经遍体鳞伤，毁灭和重生成为世界重返辉煌的唯一途径。

最后一个时代是争斗时代（Kali Yuga），共有432000年。人类在无休无止的冲突中拼命挣扎，社会四分五裂，人类寿命缩短。在争斗时代的终点，宇宙毁灭，新一轮循环即将开启。

每轮循环即为一个大时（Mahayuga），长达4320000年。一千个大时就构成一个劫（Kalpa），也就是梵的一天，即43.2亿年。根据不同史料记载，大时的具体周期不尽相同，有时以千年而非百万年为单位。而这段相当漫长的、人类无法一眼望到头的时光，不过是梵转瞬即逝的一刻。

无论是物质层面，还是精神层面，形成、稳定和衰退都是每轮循环的重要内容。圆满时代造就的新世界纯净且新奇，这里的人们已经活了数千年，拥有让争斗时代的堕落之人啧啧称奇的神力。在这个既非好也非坏的自然循环里，世界源于无形的混沌，又在重生之前归于混沌。

宇宙的性质

关于宇宙的性质,印度神话试着给出了诸多合理的解释,但有时它们会自相矛盾。据相关资料记载,宇宙共由五种元素构成:以太(或空间)、风、火、水和土。主神用这些元素创造了宇宙实体,并劈开天地,将太阳置于天空之上。但神明或自然的力量并不能保证宇宙处于正常状态,诸如昼夜交替这种自然循环的延续都是以凡人的牺牲为代价的。

不同时代的印度神话讲述的宇宙可能拥有一些基础差异,比如领域及生灵的数量。神话中提到的多元宇宙是指无数个宇宙实体,每个宇宙实体都拥有自己的湿婆、毗湿奴及其他神明。当然,任何一个神话体系都有其自相矛盾之处。以吠陀时代的传说为例,有些传说认为世界包含两个领域:大地与天空;有些传说则认为世界包

下图:迦尔吉(Kalki)是毗湿奴的第十个化身,是一名骑着白马的战士,现身于争斗时代晚期,他铲除了世间的一切恶灵。

含三个领域：大地、大气与天堂。今天，印度人普遍认为宇宙大致包含三个领域：天界（Svarga，指天堂）、人间界（Prithvi，指尘世）和地下界（Patala，指阴间）。

吠陀时代的后期著作对凡人的世界也进行了细分。据《往世书》记载，尘世由一系列呈同心圆状的土地构成，中央有一座山，名须弥山，山的顶部比山的底部更宽，有众多平原环绕。处于正中位置的是南赡部洲，也被称为"阎浮提"，形似圆环。同时，环绕四周的诸多地域以一个圆环包含另一个圆环的形式出现，每个外层圆环都比内层圆环大一倍，其间由海洋隔开。最外层的圆环置于淡水之海，远离宇宙边缘的金色领域。除此之外，世界漆黑一片，一直延伸到宇宙之卵的边缘。

对页图：南赡部洲是凡人的居住地，位于海洋中同心圆状岛屿的中心位置，其上是天堂，其下是阴间。而只有在婆罗多伐娑，人们才能修习超脱之道，获得羯磨。

须弥山

在尘世的同心圆状平原之上，繁星以须弥山为圆心做圆周运动。太阳、月亮等其他星球驭马乘车跨天而行。尘世之上是七个美好如天堂的地域，之下则是七个居住着恶魔的地域。

高山大川将尘世划分成不同的区域。其中，婆罗多伐娑（可指现在的印度或其他有人类居住的地方）最受关注，它被誉为"行动之地"。人们在这里可以修习超脱之道，最终获得羯磨，这造就了婆罗多伐娑的崇高地位；尘世中的其他地方则被人们赞为"消遣之地"。尽管人们在这里也能享受快乐，但与羯磨并无关系。因此，人们坚信婆罗多伐娑才是最重要，也是最美好的尘世。

不少神话认为，宇宙是一个上下皆为陆地的平面，但我们的认识不应拘泥于此。星球的轨道处于一个相对狭窄的平面，在描绘太阳系时，我们可以用相似的形态呈现。今天的人们绘制世界地图时，都是将三维模型转化成二维图像后才进行的，但这并不意味着地球就是平坦的。事实是，人们在纸上将一个有点扁平的椭球体的表面绘制并打印出来，创建了一个有用但本质上并不真实的影像。

印度神话对世界的二维描述也是如此。典籍中描述的平面世界、分层宇宙和同心圆，都是试图用一种普通人能够理解的方式来描述宇宙。这些文字后来不仅被翻译成其他语言，也受到了几个世纪以来不同思维方式的影响。世界，也被称为"界"（Lokas），其内部的所有区域并不一直都是实体。界可能是一种存在状态，或是一

在尘世的同心圆状平原之上，繁星以须弥山为圆心做圆周运动。

种行动方式。正如我们现在所说两个人生活在"不同的世界",其真正含义是,一个定居或拜访某个特定世界的人与另一个人在空间距离上近在咫尺,灵魂却遥不可及,又或者两个人之间的距离本来就很遥远。

印度教的宇宙并非以天堂、尘世和阴间,以及它们的相对位置简单地呈现出来的,而是时间与地点、本质和状态的结合。其二维描述只是为了尽可能地帮助渺小的人类一窥繁杂宇宙的真相而已。

天堂、地狱与阴间

印度教描述的宇宙看似工整且对称,尘世之上的七个欢乐地域对应尘世之下的七个愁苦地域。但随着时间的推移,其他世界应运而生了。《往世书》中提及了多个地狱,都是专门用于惩戒恶贯满盈之徒的场所。逝世之人要接受阎摩(Yama)的审判,在开启轮回之旅之前,需先在天堂或者地狱待上一段时间。

行善积德之人死后会进入天堂,作恶多端之人死后只能下地狱。后者须经历苦痛的折磨才能获得新生,并开启羯磨之旅。如果顽固不化,他们就只能在苦海中日复一日地挣扎,并堕入更底层的轮回之道,直到变得谨言慎行后才能解脱。

广义的地狱指那落迦(Naraka),位于南方,处于阴间之下。《往世书》中讲述了28个不同的地狱,每个地狱折磨、惩戒罪人的方式不尽相同。罪人会受钉刺、焚烧、切割或分尸之刑,甚至数种刑罚并施。但尽管那落迦充满了暴力与酷刑,却是一个复原之地,而并非单纯的惩戒之所。因为惩罚的最终目的是使灵魂得以解脱,获得新生。

阴间,俗称冥界,其风景其实比天堂更胜一筹,这里不像那落迦那样有许多惩戒罪人的方式,而是各种生灵聚集的地下领域,如其中的娜迦界(Naga)就居住着神奇的娜迦族。另外,冥界的七个地域层叠罗列,各自拥有不同的城市。

> 印度教的宇宙并非以天堂、尘世和阴间,以及它们的相对位置简单地呈现出来的,而是时间与地点、本质和状态的结合。

冥界的第一个地域叫阿塔拉（Atala），它毗邻尘世，终日不见阳光，全靠眼镜蛇顶冠上镶嵌的宝石散发的微光照亮。这里的人们会引诱初来乍到者加入他们无休无止的纵欲派对。

冥界的第二个地域叫维塔拉（Vitala），据说这里是湿婆的家，因哈塔基河而闻名。哈塔基河的水遇到火神阿耆尼（Agni）的火焰时会变成金色。冥界的第三个地域是苏塔拉（Sutala），即钵利王国。钵利（Bali）是一位贪得无厌的尘世中的君主，他妄图操控天堂和整个冥界，最终败给了湿婆。失败后，他虽然被流放到苏塔

下图：耆那教信徒认为，图中所示均为那落迦的酷刑。酷刑既可以起到威慑作用，让人们减少犯罪行为，又给了犯罪之徒在重生之前赎罪的机会。

拉，但依然对自己的聪明才智和仁德之政引以为傲。

冥界的第四个地域叫塔拉塔拉（Talatala），是另一个流放之地，统治者是恶魔摩耶（Maya）。摩耶是阿修罗的最高统治者，在建筑领域立下了丰功伟绩。湿婆虽然摧毁了他统治的三个城市，但将塔拉塔拉的统治权赋予了他。

冥界的第五个地域是摩诃迦罗（Mahatala），这里是娜迦族的故乡；与此同时，檀那婆（Danavas）和底提耶（Daityas）（史料常把他们统称为恶魔）都居住在茹阿萨塔拉

上图：毗湿奴的腿上描绘了冥界的场景，尘世位于顶部。冥界并不是完全堕落的地方，有些为众神所敬佩的敌人掌管的地方也会令人心驰神往。

（Rasatala），也就是冥界的第六个地域；冥界的最深处，即第七个地域就是娜迦界，由蛇神婆苏吉（Vasuki）掌管，那里住着她的臣民和娜迦族。

天堂有时也被称为上界，但上界也指一个特定的天国古域，是尘世之上七个地域的其中一个。有传说认为，上界是众神之王因陀罗（Indra）的奇境，是享受欢乐、获得奖赏之地；也有传说认为，上界是行善积德之人的最终归宿。在《往世书》中，灵魂在上界停留的时间是有限的，且只有善良的灵魂才会获得进入上界享受

一段美好时光的奖励，随后再投胎转世，过一个比上辈子更好的人生。

创世、存在和毁灭：三相神

后世传说记载，印度教的三大主神梵天、毗湿奴和湿婆掌控着创世与毁灭的循环。三位主神有时候会归位一体，成为三相神。

虽然名字相似，但梵天和梵是完全不同的（梵文写法只差一个字母"n"）。梵是指宇宙法则或至高无上的神性，梵天则是宇宙中的一位神明。在后世传说中，梵天被视为创世神明，且掌管多方面的事务。但尽管他地位举足轻重，却较少受到世人的膜拜。这可能是因为他已经完成了创世的使命，而毗湿奴和湿婆还需履行他们神圣的职责。

早期民间故事中的毗湿奴只是一位小神，但印度教经典著作中的毗湿奴身负重任，担任着保护世界和凡人的重责。毗湿奴多次化身为人类英雄和神兽降临尘世，利用神力守护人类平安，维护社会和谐。当宇宙无可避免地走向毁灭时，毗湿奴竭力阻挡着时间的巨轮向前滚动。而当世界末日真正来临之时，三相神之一的湿婆便会大显神威。

湿婆代表毁灭，与人类相敌对。但只有当尘世堕落到无法挽回的地步时，湿婆才会出手摧毁一切。因此，湿婆既代表毁灭，其实也代表重生。换言之，梵天创造一个全新的宇宙，也不过是在尘世堕落与毁灭时重新站在了新的顶点。

因此，三相神是自然循环的控制者，在创世、存在和毁灭阶段都发挥着重要作用，但每个阶段主要神明的身份是模糊不清的。尽管人们习惯将三相神分开对待，但毗湿奴和湿婆有时候仍然被看作同一位神明，他们的神圣职责也常被混淆。

梵是指宇宙法则或至高无上的神性，梵天则是宇宙中的一位神明。在后世传说中，梵天被视为创世神明，且掌管多方面的事务。但尽管他地位举足轻重，却较少受到世人的膜拜。

关于夏克提

通常情况下，印度神明能以观念及观念的化身两种形式呈现出来。以夏克提（Shakti）为例，她代表着力量或潜能，有人认为她是宇宙的创造者，也有人认为她是其他男性神明的妻子或同伴。雅利安人到来之前，印度人可能以各种形式膜拜夏克提，她也与后世传说中的雪山神女帕尔瓦蒂（Parvati）、时母迦梨（Kali）和难近母杜尔迦（Durga）有着千丝万缕的关系（从某种意义上来说，这三位女神都是夏克提的分身）。

从夏克提的角度来说，杜尔迦的诞生是梵天的一次昏庸之举。水牛恶魔摩西娑苏罗（Mahishasura）是魔王兰帕（Rambha）和一头母水牛之子，他恳求梵天让自己不受男人和男性神明力量的侵扰。出于某些原因，梵天答应了他的请求。不出所料，摩西娑苏罗凭借自己所向披靡的能力，把尘世搅得一塌糊涂。但幸运的是，梵天并没有赋予摩西娑苏罗抵挡女人和女性神明的战无不胜之力。为打败摩西婆苏罗，梵天联手毗湿奴和湿婆，并集合他们各自配偶——辩才天女娑罗室伐底（Sarasvati）、吉祥天女拉克什米（Lakshmi）及帕尔瓦蒂——的力量，甚至创造出杜尔迦，以发起反攻。随后，杜尔迦便以独立的形式存在了。也有其他版本的传说认为，杜尔迦是湿婆之妻，是娑罗室伐底之母，但真相究竟如何，我们难以知晓。

在传说中，夏克提有时是一位女神，有时代表着某种力量或力量之源。作为宇宙的创始者，夏克提是第一个出现的生灵。因为极度渴望拥有一位伴侣，所以她先后创造了梵天和毗湿奴，但二人都拒绝成为她的伴侣，夏克提便将两人都烧成了灰烬。随后，她又创造了湿婆，湿婆答应了她的请求，但她又不小心把自己烧毁了。故事的结尾是，湿婆将两位兄弟复活了，他们三个人分得夏克提的骨灰，并将骨灰变成了自己的妻子。

有时，夏克提的身份是男性神明的配偶，代表男性的力量或力量之源，但不是他们的一部分。这一观念在任何时空都能赢得共

对页图：梵天、毗湿奴和湿婆是毁灭与重生循环中的关键因素，三相神的概念也与之相关。然而，如果把这三位神明看作单纯的创造者、守护者和毁灭者，又是粗浅和有失偏颇的。

上图:夏克提有时象征着一种宇宙力量或概念,有时则是拟人化的神明。她也常被认为是男性神明力量的源泉。当今世界有许多印度教信徒非常推崇夏克提,将其视为至高无上的神明。

鸣。男性和女性都只是一个整体的一部分,只有融为一体时,才会迸发出巨大的力量。

先贤与先知

凡人渺小如尘埃,无法真正领会宇宙的奥秘,始终在重生的漫漫苦旅中囿于善恶羯磨的永恒循环。然而,通过冥想和启智,人们或许可以尝试去探索宇宙的真理。就这样,得到点化的凡人就成了"仙人",又被称为"先贤"或"先知"。

正如我们期望的那样,受启蒙者并没有性别之分。编写《梨俱吠陀》里赞美诗的先贤,大部分都是女性。某些仙人也不只是普通人,他们还具备一点神性,能够运用神力。而其中一位仙人是整个神族的祖先,这是显而易见的。

迦叶波(Kashyapa)是《梨俱吠陀》中提到的七大仙人(Saptarishi)之一。在宇宙的不断发展中,迦叶波扮演的角色越来越复杂。他不仅孕育了所有人类,还创造了提婆与阿修罗,堪称"众神之父"。提婆与阿修罗是两组不同的神,二者的关系也因神话版本的不同而存在差异,但大多数人认为他们是同胞。

一开始,迦叶波与天空女神、智慧女神阿底提(Aditi)结为夫妻,孕育了众神阿底提耶(Aditya),有传说认为是12位,也有传说认为是8位或7位(取决于资料来源),其中包括因陀罗和伐楼那(Varuna)等神明。后来,迦叶波又娶了阿底提的姐姐大地女神底提（Diti），并孕育了底提耶。底提耶隶属阿修罗一族，在后来的传说中一直与仁慈的提婆对抗。

其他伟大的仙人还有阿低利（Atri）、乔答摩（Gautama）、持力仙人（Bharadwaja，俗称婆罗堕遮）、食火仙人（Jamadagni）、极裕仙人（Vashistha）和众友仙人（Vishvamitra，俗称妙友）。他们始终履行着自己的神职，譬如寻觅祷文以确保祭祀仪式正确无误。七仙人的神力源自梵，他们是梵的"心灵之子"。其他时期的印度典籍中也出现了不同的圣人，但他们的重要性都不及七仙人。

生主与传说

在某些版本的传说中，创造宇宙的生灵被称为生主，这很有可能是某位神明的别名，或是在影射某种神力。果真如此，那么生主就是一个非常抽象的概念，而不是以湿婆或阿耆尼等形象存在的拟人化神明。如果将生主视为个体，那么他可以被理解成催生宇宙的各种神力的集合体，而不是普遍意义上的个体。

还有一个故事讲述的是生主在创造宇宙前进行冥想和自我准备的过程。其间，他得到了语言女神波耆（Vac）的帮助。波耆可能是梵天的女儿或孙女，抑或是生主的女性分身。也有其他传说认为，为生主提供帮助的是黎明女神乌莎斯（Ushas）。

生主还有其他含义，意为梵的"心灵之子"，包含七仙人，有时也包含其他生灵。在这个身份之下，生主亦是生灵的守护者或主宰者，即"生灵之主"。在后来的传说中，作为个体的生主被集体生主或其他神明取代了。

无论是代表个体，还是代表集体，生主都主宰着宇宙万物，这显著地表现为其始终担任着庇佑繁衍生息这一重责。在这个职责之下，生主常常会出现在婚礼中，并被赋予传统的宗教含义。吠陀典籍认为，生主是火神阿耆尼，而阿耆尼的圣火正是凡人尝试和神明沟通，以及维持宇宙持续运转的重要媒介。

波耆可能是梵天的女儿或孙女，抑或是生主的女性分身。

印度神话

上图：罗摩王子正与多位先知讨论经典，他们讲到了罗刹（Rakshasas）变成恶魔的过程。对这类谈话的记录常常散落在《罗摩衍那》等古老文本中。

提婆

"提婆"一词原意为地位卑微的小神或仁慈的神仙。提婆众神的神力大小不一、等级高低不同，但大部分都是不入流的，影响力也非常有限。但他们乐于帮助和保护凡人，以此换得所需的供奉和膜拜。从某种程度上来说，提婆是与凡人共生的。

有一些提婆的拟人化程度堪比人类，也有一些提婆拥有多头等奇异的特征，还有一些提婆的形象是模糊不清的，这与资料来源不同有关。《梨俱吠陀》中一共提到了33位提婆（包括某位神明的不同化身或分身），其他资料中提及的提婆数量则更为庞大。

提婆可能与道德观念或祭祀仪式有关。有一些提婆是自然界里某种事物的拟人化身，如雨、火或太阳。虽然最伟大的提婆被尊称为"至高无上的神明"，但能够比肩其他神话里的天神、众神使者和守护神等地位的提婆则少之又少。

神力堪比创世者的提婆与神力薄弱的提婆之间的区别是相当复杂的，因为即便是最伟大的提婆也诞生于宇宙，从某种意义上来说也是凡人。因此,"世间唯梵永恒"这一观点引发了人们的疑问。印度教到底是多位相似的低阶神明构成的一神宗教(如由提婆众神构成),还是诸位神明各司其职并由最伟大的神明统领的多神宗教(与观点本身吻合)?

当然这里还存在一个问题:梵是否可以被当作一般意义上的神明?关于梵最简单的理解是,它不仅是神明与凡人共同栖息的宇宙,而且是统领他们的规则,也是宇宙本身的规则。提婆则可能是某个宇宙中最伟大的生灵,并始终在那个宇宙中竭尽全力帮助凡人。因此,提婆确实是至关重要的,但与梵并不相同。

也许是因为凡人太微不足道了,所以无法与梵进行有意义的交流。而提婆恰好扮演了中层管理者的角色,维持宇宙运行,守护凡人平安。果真如此,那么众生无法掌控错综复杂的梵,而可以驾驭提婆便讲得通了。然而,梵有时也被认为是毗湿奴,是至高无上的神明。在这种设定下,梵直接掌管宇宙,不以根本法则的形式存

下图:这幅壁画来自柬埔寨,描述了阿修罗和提婆共同搅拌乳海以寻找长生不老之药的故事。在整个过程中,无数宝藏和凶险从海洋中不断涌现。

印度神话

在。但这是否诠释了整个梵或者梵的一部分，一切还有待商榷。

印度教各派别的信徒对提婆的看法差异较大：有人认为，所有的提婆都是梵（或毗湿奴）的分身，膜拜提婆与膜拜至高无上的神明并无二致；也有人认为，提婆根本就不值一提，所有的供奉都应直接给予毗湿奴；置于二者之间的中间派则认为，膜拜提婆虽不是正道，却也是可以接受的，因为至高无上的神明在接受供奉的同时也通过提婆给予了人类福报。

阿修罗

很早以前，阿修罗是指所有拥有神力的生灵，但最终还是与提婆划清了界限。阿修罗类似于提婆，二者神力相差无几，但阿修罗不及提婆仁善，有时甚至非常自私。因此，他们之间经常发生冲突。尽管阿修罗有时祸害尘世，但他们不是特意与人类为敌或本性便是邪恶的。在某些神话故事中，阿修罗确实扮演着恶魔的角色，也可以指代恶魔。但我们需要知晓的是，所有与阿修罗有关的内容，并不都是负面的。

《梨俱吠陀》将阿修罗诠释为神族，他们掌管着自然界的方方面面，能护佑人类亦能伤害人类。提婆则与婚姻、约定俗成的规则等社会制度有关。提婆始终拥有一股积极向上的能量，阿修罗则时好时坏。在《奥义书》与《往世书》中，这种情况发生了改变，阿修罗开始作为反派角色与仁善的提婆对抗。而在更晚的传说中，提婆也成为与阿修罗一样的恶魔，他们共同密谋祸害人间。

整个阿修罗一族十分庞大，包括底提耶一支和檀那婆一支，前者是仙人迦叶波和大地女神底提之子，后者是仙人迦叶波与檀奴（Danu）之子，属于达刹（Daksha）的后裔。这使得底提耶与阿底提耶众神是同父异母的兄弟，也与其他阿修罗是同父异母的兄弟。[1]

> 很早以前，阿修罗是指所有拥有神力的生灵……而《梨俱吠陀》认为阿修罗属于神族，他们掌管着自然界的方方面面，能护佑人类亦能伤害人类。

---

[1] 前文提到底提与阿底提为姐妹，阿底提耶乃阿底提之子，底提耶为底提之子。——编注（后均同）

左图：这是一座来自柬埔寨的罗刹雕像。相传，罗刹因造物主梵天的呼救声而得名。当时他们正在吞食梵天，毗湿奴赶来营救，把他们打败并放逐到了尘世。

关于达刹的身份也是众说纷纭，有人认为他是阿底提和梵天之子，也有人认为他是底提和阿底提之父。

其他超自然生物

除了神明外，印度神话中还有其他超自然生物，大致如下。

娜迦族：娜迦族是蛇形生物。在诸多传说中，娜迦族有时会充当反派，但大多数时候还是以宽厚仁爱的形象出现的。其中，最伟

化身与分身

印度神话中的许多神明都拥有多个分身，一些分身本身也是神明。这会让人产生不少困惑，特别是当诸多派别拥护同一位神明的时候。有人认为这位神明是完全独立的个体，也有人认为这位神明其实是另一位神明的分身，还有些人认为这位神明可能是一个与众神完全不同的生灵（或者生灵的分身）。除此之外，部分神明也会被视为凡人，或一种理念，或一种力量的化身。而关于神力或势力范围的隐喻可以从神明的名字上体现出来。

印度神话也有提及化身，化身是指神明幻化成的凡人或动物。而且，大多数化身会以自己的名字流传后世，极个别会使用本体的名字。神明化作凡人或尘间的其他生物经历种种磨炼，这并无不妥，但可能会导致人们并不清楚究竟是哪位神明立下了何种功绩。

大的一位是娜迦王阿难陀，他是毗湿奴的好友与同伴。毗湿奴的化身落入尘世时，阿难陀的化身一直陪伴在他身边。娜迦族原本住在尘世，但因为蛇族数量激增，便迁至了冥界的娜迦界，他们在此地修建了很多华丽的宫殿。尽管他们自身就是十分危险的生物，但仍是邪恶小人和敌对势力最大的克星。

罗刹：一般情况下，罗刹是十分凶恶的。这群恶魔常会伪装成凡人或动物，或扮成怪物。他们惧怕白昼，却能在漆黑无月之夜大显神威。虽然有一些罗刹心慈面软，不会祸乱人间，但大部分罗刹都与传说中的神明和英雄为敌。

夜叉（Yakshas）：夜叉是自然之灵，他们对凡人非常友善，但这并不代表他们不会因为恶作剧或怨恨而给人类带来麻烦。在吠陀时代，人们将夜叉奉为地域之神，这一传统可能源于前雅利安时代。

某些英雄和神秘生物本身就是神明的化身，尤以毗湿奴为典型。毗湿奴到底有多少个化身，又是否曾经化身为某些特定的人物，关于这些问题的答案是非常模糊的。但当世界陷入险境亟待神明出手相助之时，他们一定会降临尘世。

对页图：夜叉很有可能是某个地域或部落的保护神，其地位在吠陀时代每况愈下。但在后世更广泛的传说中，夜叉作为地方神与昔日的其他神明仍然拥有一定的地位。

印度神话

印度教的主要派别

印度教并无"唯一真理之道"一说,而是认为只有百家争鸣,才可得真理。因为无论凡人多么聪慧、睿智,其思维方式仍然逃脱不了一些偏见和外界的影响。凡人的真理也许颇有根据,但不会是唯一真理或全部真理。印度教有三个主要派别,理念都是个体探索所得的粗浅之见。

毗湿奴派信徒对毗湿奴推崇备至,认为毗湿奴与其化身是梵在凡尘中的存在形式;湿婆派信徒认为湿婆是众神之主;性力派信徒则把夏克提视为万物之母,认为所有女性神明都不过是夏克提的分身。想进入这三个主要派别的方式虽然有许多,但差异巨大。有人认为印度教的修行之道应是苦行,也有人认为应该在尘世中探索印度教的真理;有人推崇个人冥想,也有人提倡正式仪式和典礼。

有一部分印度教信徒根本不承认神明的存在,也有一部分印度教信徒不仅承认大多数神明的存在,还会供奉部分或全部的神明(也有可能全都不供奉)。在英国殖民统治时期,一神论成为印度社会的主流趋势,这使得神明的世界更加扑朔迷离。但问题并不在于印度教是主张泛神论,还是一神论或多神论(又或是别的),而是印度教信徒究竟会遵循哪一种信奉方式。

难怪我们这些局外人很难理解印度教是什么,又或者不是什么。而那些只想求一个简单明了的答案的人,终将一无所获。与其说印度教是一种信仰,不如说它是一种生活方式。更准确地说,它是一套适用于所有生活方式的根本原则。而无论人们选择了哪一种生活方式,它都能引领其实现与梵合为一体这一终极目标。换言之,万变不离其宗。

> 毗湿奴派信徒对毗湿奴推崇备至,认为毗湿奴与其化身是梵在凡尘中的存在形式。

左图：这座石碑诞生于12世纪，是后世毗湿奴的常见形象。在《吠陀经》成书及西方学者研读此书期间，大部分神明及其他生灵的事迹、外形，甚至是身份早已发生了许多变化。

印度神话　　　　　　　　　　　　　　　　　　　　45

2

第二章
神明

印度神话认为，宇宙中虽然存在众多神明，他们拥有多个化身，以多个名字长存于世，且为众人所知，但也只是宇宙秩序的组成部分，而非宇宙的指引者。唯一永恒的只有梵，其他所有神明及万物都归属于梵，且终将走向灭亡。

梵很难被定义，只能用最具有迷惑性的词语来形容，它代表绝对真实，是宇宙精神，超出了凡人的理解范围。有信徒认为，梵与毗湿奴的关系恰似灵魂与肉体的关系，因为毗湿奴在尘世中表现为化身（非毗湿奴本体），所以将毗湿奴看作梵在天界的化身也并非不合理（亦非毗湿奴本体）。

梵是否区别于宇宙，是否在宇宙这个独特实体里无所不在，是否与宇宙本质上并无不同，各派别没能就这些问题的答案达成一致。最终，他们假定世间万物都是梵的一部分，独立存在只是一种

对页图：梵天、毗湿奴和湿婆常被认为是三相神，这意味着他们是同一位神明的不同分身，扮演了不同的角色；但如果将三相神与基督教的三位一体进行对比，这种做法则是不明智的，是对印度神话内核的肤浅理解。

> ### 什么是神话？
>
> 一般说来，"神话"通常是指虚构或严重偏离现实的故事。当然，我们也可以给它添加与超自然或宗教事件有关的元素后用作"事实描述"。将故事描述成神话并没有否认故事本身的真实性，不过是为其贴上一个具有辨识度的标签，来表明故事中添加了超自然或宗教的因素，而不属于真实历史而已。

假象，因为我们的灵魂始终无法了解周遭的一切，所谓认知不过是一种错觉。

梵是否直接介入了尘世间的事务，这一问题还有待商榷。如果毗湿奴是梵的化身，那么毗湿奴在凡间显灵就可以理解为是梵的介入。应该说，世间万物皆是宇宙的一个组成部分，无论是神明还是凡人，任何个体参与任何事务都会受到梵的驱使。梵创造的宇宙法则催生出相应的执行者，他们负责管理尘世，这也许就是梵干预尘世的题中之义。萨哈兰·达摩（Sadharana Dharma）是印度教中一套约束众人行为的基础职责体系，它引导神明和凡人向上、向善。这一系列善举可能正是梵对宇宙的介入，但这种介入并不是单刀直入的；反之，梵创建了一套介入框架，通过这种间接的方式达到目的。光明磊落、行善四方、宽宏大量都可以累积善缘，陌生人的帮助或仁德君主的伟业都可以归功于梵。

尽管如此，梵却并不像印度教或是其他宗教中的一些神明那样家喻户晓。尘世间没有流传梵与巨蛇打斗、捣毁恶徒巢穴的故事。梵是宇宙，也是宇宙中的一切。与此同时，梵并不特指任何事物。有人可能会认为，浩瀚无际的宇宙能够以凡人无法理解的规模运行，这一切都是梵的功劳。但我们的认知不应该仅限于此，因为我们能够感知到宇宙中众神的行为。神明确实拥有强大的神力，但他们也是世界的一部分。尽管我们无法理解宇宙的全部内容，但略知一二还是有可能的。

神我与自性

吠陀时代的传说认为，神我是一位原始神明，象征着宇宙诞

对页图：女神杜尔迦是宇宙的守护者。虽然关于她的起源、外貌，以及与其他神明的关系有很多种说法，但她始终是一位英勇顽强的战士，是恶魔的克星。有派别认为，时母迦梨是杜尔迦的分身。

神明、提婆、阿修罗和其他术语

同一位神明可能拥有不止一个名称，而且所指含义也随着时间而不断变化，这使得印度神话中有关神明的术语非常令人困惑。"阿修罗"一词原本泛指具有神力的仙族，后来又被认为是神明的对手，常常被看作恶魔。提婆，女性化身为提毗（Devi，意为女神），通常是指宽厚仁爱的神明。但从人类总是想获得最大利益这个角度来说，提婆也并不一直代表着仁爱，他们有时可能是自私甚至心存恶意的，但也不是邪恶的代名词。提婆也指类似神明、半神或天使的群体，需视具体情况而定。

某些印度教信徒认为，自在天（Ishvara）——女性化身为大自在天（Ishvari），是指宇宙中拟人化了的神明。这种观念在尊湿婆为众神之首的信徒中较为常见。大自在天本质上是具备超自然力量的凡人，但梵不是凡人，无法为凡人所理解。

薄伽梵（Bhagavan）——女性化身为薄伽梵蒂（Bhagavati），通常是指神明，具体来说，是一些印度教信徒崇拜的神明。这个词也可以用来指代受人尊重的圣贤或先哲，但这绝不意味着对神明的亵渎，因为那些具备神明品质的先贤理应被看到且被尊重。

其他术语的具体含义会因派别不同而有所差异，信徒有时也会自行定义。以"苏利耶"（Surya）为例，有人认为它可以指阿底提耶，也有人认为它可以指提婆或者自在天，甚至薄伽梵。

生时的无形潜能。据《梨俱吠陀》中的创世故事记载，神我是"宇宙人"，是一个雌雄同体的结合体。他将自己分为阴阳两部分，阳为神我，阴为自性（Prakriti），然后将二者结合起来，让创世的欲望与万物无形的自然状态得以相互作用，最终形成宇宙。也有传说认为，是其他神明献祭神我（或神我甘愿牺牲）才创造了宇宙。神我的身体幻化成世界的各个部分：太阳、月

上图：半女世尊（Ardhanareeswara）常常表现为湿婆与其妻子帕尔瓦蒂结合的雌雄同体，代表了宇宙中阴阳能量的相互作用。有些创世神话认为，其女性部分代表潜能，男性部分代表创世的意志。

亮、天空和大地。而认为神我衍生出种姓制度这种观念则是后来才有的东西。后世有作品把神我理解成一种观念，而非生灵，认为它代表着整个宇宙的基础法则，与梵交织和融合。由此可知，在现代印度神话体系中，人们根据《吠陀经》《奥义书》等文本诠释某个生灵（观念）时，其职责或意义宗是在不断变化的。

早期吠陀诸神

早期吠陀诸神是指，在《吠陀经》成书之前相当长的一段时期里，受众人膜拜的多位神明。他们通常与自然现象相互关联，与其他神话故事也有诸多相似之处。

在早期吠陀诸神中，因陀罗无疑是最重要的一位。《梨俱吠陀》中有250首赞美诗都是以他为主题的，其他多个章节也有反复提及他。作为天界的控制者,因陀罗掌管着风雨雷电等天象,甚至人类的战争。金刚杵(雷霆)是他的首要武器,也有人认为他还有一把强弓。因陀罗代表着活水之源,以水为生的凡人根本离不开他。后来,他与女神因陀罗尼(Indrani)结成佳偶,还经常与一只名叫毗哩萨迦比(Vrishakapi)的黄褐色公猴结伴同行。

据《梨俱吠陀》记载,因陀罗曾与弗栗多(Vritra)发生冲突,

下图:据传说记载,众神与阿修罗一起搅拌乳海寻找长生不老之药时,象王艾拉瓦塔(Airavata,后成为因陀罗的坐骑)曾浮出水面。

印度神话

后者是一条截断了人间水源的毒蛇。因陀罗用他的金刚杵杀死了弗栗多，使水重新流出，让人类得以灌溉庄稼。有了这番作为，因陀罗就成了人类的朋友和恩人，是庇护凡人不受恶魔侵扰的神明。

然而，因陀罗也有缺点。他终日沉沦于世俗的欲望，痴迷苏摩酒不能自拔，数次让自己身陷险境。他不仅乔装打扮骗取意中人的芳心，还会与心生嫉妒的意中人的夫君发生冲突。因陀罗的判断力实在是一塌糊涂，他甚至调戏了自己好朋友毗哩萨迦比的妻子，而这确实伤害了他们的友谊；当毗哩萨迦比反过来也与因陀罗的妻子因陀罗尼私通时，他们二人算是彻底闹翻了。后来，他们决定正视错误，将恩怨一笔勾销。

在后来的印度典籍中，因陀罗的地位每况愈下，被列为位居高阶却行径卑劣的典型。他沉溺于个人享乐，却又忧心被凡间的先哲超越；他原本是宇宙的守护者，却又阻挠他人去探索宇宙的奥秘，由此引起了众怒。也有后世传说认为，因陀罗最后获得了大智慧，在精神追求和尘世享乐之间达到了一种平衡。事实上，因陀罗与北欧神话中的托尔（Thor）及希腊神话中的宙斯（Zeus）有许多相似之处：他们都以雷霆为武器，异常英勇威猛；因陀罗杀死了毒蛇弗栗多，托尔斩杀了巨蛇耶梦加得（Jormungandr），宙斯则是击败了各路妖魔鬼怪；因陀罗和宙斯还都有偷情行为，干涉凡间事务。当然这些也许只是巧合，但欧洲的宗教与印度的宗教本属同源及相互影响这一史实是不容置疑的。

因陀罗的角色演化与印度的社会发展很有可能是同步进行的。吠陀时代，印度种姓制度的第一阶层将社会统治权牢牢握在手里，尤为重视仪式的正确程序。而随着时间的推移，这种情况发生了改变，宗教仪式变得不那么正式了。其中缘由很可能与因陀罗的地位已经不同往日（至少在正式仪式和祭司眼中是这样）有关，彼时宗教在整个时代中扮演的角色也已大不如前。

阿耆尼是因陀罗的兄弟，《梨俱吠陀》中有超过200首赞美诗以阿耆尼为主题，在其他典籍中也常常能见到他的踪迹。阿耆尼是

他终日沉沦于世俗的欲望，痴迷苏摩酒不能自拔，数次让自己身陷险境。

上图：这是位于印度南部的斯里坎特什瓦拉神庙（Srikanteshwara Temple）的一座雕塑，除了主神湿婆外，此地还供奉着包括阿耆尼在内的多位神明。作为祭祀仪式中的圣火之主，阿耆尼架起了凡人与神明之间重要的沟通桥梁。

火神，形态变化万千，有时化作家用的壁炉，有时化作敬拜神明的贡品，有时又充当着凡人与神明之间的信使。充当信使时，阿耆尼的圣火既可以用于与神明沟通，还能够连接尘世与上界。阿耆尼有多个名字和分身，如万尼（Vahni）和维提霍特拉（Vitihotra），他们与祭祀和崇拜相关；又如吉瓦拉纳（Jivalana），他与燃烧有关，人们通常会用其他名字指代吉瓦拉纳。阿耆尼的重要性还体现在有关凡人生与死的许多方面。譬如，众多宗教仪式和各种节日、婚礼及葬礼等都会用到灯和火，阿耆尼的圣火可以焚化死者的肉体，使灵魂开启重生之旅。

以神明苏摩（Soma）为主题，印度人创作了近百首赞美诗，

苏摩同时也是一款饮品的名字。饮品苏摩是如何出现的，尚且无法确认，传说它有治愈、复原之功效，甚至可以增强事物与神明之间的联系。随着时间的推移，或者取决于使用对象，苏摩可能会有不同的配方。但人们普遍认为，苏摩萃取自蘑菇或某种植物，是作用于精神方面的饮品。神明苏摩十分宽厚仁慈，为尘世带来了繁荣，这一作为与饮品苏摩的作用有异曲同工之妙。

上图：月亮之神昌德拉是一位十分会惹麻烦的神明，月亮的盈亏就是他闯祸的证据。尽管关于闯祸的说法各异，但几乎都与他因冒犯权贵而遭到报复有关。

后人认为，苏摩还有另一个身份，即月亮之神昌德拉（Chandra）。他遭受了各种厄运，其中包括与27个女人结婚。因为他对原配妻子的偏爱远远超过了其他女人，这引起了她们的嫉妒，这些女人诅咒昌德拉堕入无限的生死循环，永不停止。

有一次，他因和凡人塔拉（Tara）偷情而引发了诸神与众魔之间的一场恶战。因为塔拉是圣人毗诃波提（Brhaspati）的妻子，毗诃波提常为众神出谋划策，并与木星联系甚密。这种因寻欢而引发冲突的故事在吠陀时代的传说中很常见。

关于月亮阴晴圆缺的由来，传说与昌德拉对象头神犍尼萨（Ganesha）不敬有关。据说一次宴会结束后，犍尼萨在归家途中不小心从自己的坐骑（老鼠）上摔了下来，又因在宴会上过量饮酒，所以呕吐不止。昌德拉看见后不合时宜地笑了，犍尼萨便十分恼怒。他折断自己的一根象牙，像扔标枪一样扔向昌德拉，昌德拉就这样受了伤。而正是昌德拉的伤口导致月亮有时会缺失一部分。

阿底提与阿底提耶

阿底提是宇宙中的母亲女神。在某个版本的传说中，阿底提常常化身为一头母牛，与丈夫迦叶波孕育了许多神明，人们把他们统称为阿底提耶。阿底提耶几乎撑起了半个宇宙，在后世传说中，他们共有12位，每位代表一个月份。关于阿底提的具体身份与其后代数量，因传说的版本不同而有所差异。

伐楼那是阿底提耶众神之首，掌管着天界。他和兄弟密多罗（Mitra）一起捍卫宇宙法则。伐楼那主要负责凡人与神明之间的往来，密多罗则专门负责处理凡人的事务。尽管伐楼那后来的地位一日不如一日，但他始终与恒河等水域及其他神明保持着紧密的联系。

阿底提耶众神都是太阳神，部分后世传说认为，他们只是毗湿奴化作太阳神时的分身，每个阿底提耶都会担任太阳神的角色，时间是一个月。换言之，当时的人们认为阿底提耶众神共有12位，而之前有人认为他们只有7位，除了伐楼那和密多罗以外，还有阿姆

婆苏

古印度人认为，婆苏（Vasus）共有8位，是因陀罗的同伴，后来又与毗湿奴关系密切。关于婆苏的起源，各史料记载略有差异。在《罗摩衍那》中，婆苏被认为是仙人迦叶波与女神阿底提之子，《摩诃婆罗多》则认为他们是人类祖先摩奴（Manu）之子。

关于婆苏究竟是哪八位的说法也不尽相同。在《薄伽梵歌》中，他们分别是阿底提耶、阿耆尼、安塔里克沙（Antariksha）、达尤斯、纳克斯特里尼（Nakstrani）、婆利蒂毗、苏摩和伐由（Vayu）；其他版本的传说则认为他们分别是亚哈（Aha）、阿那罗（Anala）、阿尼罗（Anila）、达拉（Dhara）、陀鲁婆（Dhruva）、波罗婆娑（Prabhasa）、普拉图沙（Pratyusha）和苏摩。这种差异并不会构成矛盾。因为阿那罗其实就是阿耆尼，普拉图沙就是阿底提耶。

婆苏是基础神明，掌控着宇宙的基本构成和日常进程，例如陀鲁婆/纳克斯特里尼代表星辰，波罗婆娑/达尤斯代表破晓。天界的规则由代表宇宙重要组成部分的婆苏众神来执行是十分恰当的，因为是他们确保了宇宙的法则得以执行，自然的秩序得以延续。

沙（Amsha）、阿厘耶磨（Aryaman）、跋伽（Bhaga）、达刹和苏利耶。由于说法不同，现在的人们提到印度众神时会特意提及阿底提耶众神，但有时候会忽略达刹。

阿底提耶在印度各地可能都有自己的起源，换句话说，他们就是那些后来被雅利安人统治的吠陀时代的主神吸收并融合了的地方性神明。因为最重要的太阳神一定为多个派别文化所共有，所以促使诸多神明合并并非难事，它证实了"你的太阳神就是我的太阳神，即便名字、起源有所不同"。从某种程度上看，这便化解了以雅利安文化为尊的不同部落之间的潜在冲突。

随着时间的推移，多元化的太阳神再难以重回昔日的崇高地位，后来甚至被毗湿奴代替了。这也反映了几个世纪以来印度社会与信仰结构的变迁。直到《奥义书》面世，印度河流域的原始部落和雅利安侵略者最终成为古老的历史，诸多部落不同信仰之间的差别也因为他们失去了各自的独立身份而变得逐渐模糊。

太阳神苏利耶

苏利耶最开始是阿底提耶众神中的一员，在后来的神话中身份逐渐改变。苏利耶经常被认为是"唯一的太阳神"，而不是众多太阳神之一，其他阿底提耶一般被视作他的分身。吠陀时代的传说认为，苏利耶代表日出，他不仅带来了光明，还带来了文明。后世传说也秉持同样的看法，虽然有小的出入。有吠陀典籍认为，苏利耶乃造物主，曾位居印度众神之首。13世纪初，人们对苏利耶的崇拜不如往日，即便其地位仍然重要，但实际上只有很少一部分印度教信徒仍把他奉为至高无上的神明。

苏利耶后代的地位举足轻重。例如，摩奴是人类之父，他创立了一整套行为法则来引导凡人行善，好让他们平安度过一生。众

众多印度皇室人员曾将摩奴奉为神话中的人类祖先，认为他甘愿成为第一位献祭者，帮助凡人建立了与神明之间的联系。

多印度皇室人员曾将摩奴奉为神话中的人类祖先，认为他甘愿成为第一位献祭者，帮助凡人建立了与神明之间的联系。

阎摩也是苏利耶之子，因为是第一个死亡的人类，所以成了死神。据早期传说记载，阎摩统治着所有亡灵，但并不像其他死神或地狱之主那样冷酷无情。在后世传说中，他被赋予了审判死者灵魂

左图：苏利耶原本只是众多太阳神中的一位，后来逐渐成为最重要的一位，其他那些一度深受世人膜拜且为独立神明的太阳神则渐渐变成了他的分身。

的神圣职责，可以决定亡灵是获得奖励还是接受惩罚。另外，阎摩还管理着那落迦，如果他认定死者生前是有价值的人，甚至可以直接把他的灵魂送往天堂。执行神职期间，阎摩有一个助手，名叫契特拉古波塔（Chitragupta），他掌管着记录凡人一生所有作为的生死簿，为阎摩提供了很多帮助。

双马童（Aswins）是苏利耶的孪生子，代表破晓时分。这对双胞胎没有各自的名字，他们一直形影不离，但身份略有不同。他们的传说与因陀罗和仙人吉耶婆那（Chyavana）有关。一开始，双马童遭到了因陀罗的厌弃，因陀罗认为他们不配享用自己宴会上的苏摩，双马童几经波折最后才得到了邀请。事情是这样的，双马童曾经嘲讽吉耶婆那的身体干枯如树皮，吉耶婆那便要诅咒他们，因此双方结了仇。为了平息吉耶婆那的怒火，苏利耶便把自己的女儿苏坎亚（Sukanya）许配给吉耶婆那，以化解他和双马童之间的仇怨。后来，双马童意图引诱苏坎亚，却反被苏坎亚利用，她借助双马童的神力让自己的丈夫吉耶婆那重获了青春。

为了感谢双马童让自己恢复青春，吉耶婆那开始向双马童供奉祭品，但因陀罗为此愤怒不已。他携高山、御霹雳前来攻打吉耶婆那，吉耶婆那便召唤了一头怪物来保护自己。见识到怪物摩陀（Mada）能吞下整个宇宙的强大本领，狡黠的因陀罗转而选择了谈判。最后，吉耶婆那要求因陀罗邀请双马童去参加他的宴会，让双马童享用了苏摩。这也是双马童后来能摆脱凡人之躯的原因。

吠陀时代的其他神明

吠陀典籍记载了众多神明，但再没有一位能媲美因陀罗、阿耆尼和苏摩，成为丰富赞美诗的主题。这些神明都有多重身份和多个分身，在后世传说中的形象不尽相同。很多传说认为，吠陀史料中记载的神明就是后来印度教公认众神的雏形，当然，这种推断必须从传说会用多个不同的名字命名或暗指同一位神明，而不是从神明

他携高山、御霹雳前来攻打吉耶婆那，吉耶婆那便召唤了一头怪物来保护自己。

左图：伐由是风神，一直守护着北方，在吠陀时代的众神中扮演着重要的角色，后来地位日渐式微。据《罗摩衍那》记载，伐由是神猴哈奴曼（Hanuman）之父；在《摩诃婆罗多》中，伐由是怖军（Bhima）之父。无论以何种身份存世，伐由都是强悍的凡人或半仙。

之间明确的关系中得出。

以楼陀罗（Rudra）为例，在晚期吠陀时代的传说中，他有多个名字，甚至被冠以湿婆之名。这可能是因为，某些地方性神明或前雅利安人的神明与早期吠陀时代的传说中楼陀罗的形象高度相似。在这种背景下，每位神明都可能与其他神明合并成同一位，且不会扰乱吠陀时代万神殿的秩序，也不会冒犯信徒。甚至早有人言明，民众宁可向不同的君主缴纳重税，也不愿轻易背弃自己信仰的神明。而无论是否故意为之，雅利安人将印度各地神明作为自己信仰的众神的分身纳入万神殿，一定在某种程度上协助了他们顺利掌控整个印度河流域。

印度神话

对页图：娑罗室伐底是一位女神，精通音乐、语言与文字。她曾幻化成一条大河，熄灭了一场名为瓦达瓦尼（Vadavagni）的大火，拯救了苍生。后世认为其神圣性堪比恒河。

令人胆战心惊的楼陀罗虽然是极具破坏力的神明，但也是仁慈的神明。他的弓箭可传播疾病，致人死亡，但也是灵丹妙药之源。据相关祷文记载，凡人曾恳请一些神明与楼陀罗交涉，希望他们能够平息楼陀罗的怒气，说服他给予凡人恩惠，为凡人带去健康和生命力，或者至少不要为害人间。楼陀罗的妻子是波里湿尼（Prisni），她是与母牛有关的大地女神。

楼陀罗与波里湿尼的儿子们名为摩录多（Maruts）或摩鲁陀（Marutas），他们是暴风之神，能用斧头劈开巨云，让天空降下雨水。摩鲁陀有时候也被认为是楼陀罗，但史料并未明确记载其数量。相传，摩鲁陀身穿金色胸甲，首戴镀金头盔，常驭战车横穿天空，有时会遇见他们的同伴因陀罗。摩鲁陀同他们的父亲一样，凭借狂野的嘶吼与咆哮震慑敌人，所以又名"嗥鸣者"。

在吠陀时代的传说中，伐由是空气之神，且有其他多个名字为众人所知，如摩录多、帕万（Pavan）和萨达加塔（Sadagata）。在印度神话中，以三者合一的形式出现的神明是常见的，比如伐由、苏利耶和阿耆尼。尽管伐由的地位在过去几百年里日渐衰弱，但如今依旧受世人敬仰，在其他宗教中也能见到些许踪迹。伐由以英勇、俊美的形象示人，一旦行动起来便是一派汹涌之势，极具破坏力。因为他给予的空气让凡人得以存活，所以其重要性也就不言而喻了。有许多印度教信徒极度崇拜伐由，视其为启蒙导师，认为他能消解凡人的低级欲望，帮助凡人进入更高层次的精神境界。

伐由之于空气，犹如伐楼那之于水。伐楼那是天界之主，统领阿底提耶众神。他与密多罗携手捍卫宇宙法则，主要负责凡人与神明之间的沟通。尽管在后世传说中，他们的地位远不如从前，但也成为海洋及海洋生物的主宰，是西部世界的掌控者。

阎摩也是吠陀时代重要的神明，因为是第一个死亡的人类，所以成了死神。一开始，人们认为他是仁慈且友善的，但在后世传说中，他逐渐成为毫无慈悲之心却又始终秉持着公正去审判死者灵魂的神明。阎摩的判决将决定亡灵是上天堂享乐，还是下地狱接受惩

伐由以英勇、俊美的形象示人，一旦行动起来便是一派汹涌之势，极具破坏力。

罚，但这两个目的地都不是终点。因为亡灵最终都将进入轮回，重返尘世，开启新的人生。

俱毗罗（Kubera）是一位吠陀时代的先贤，深受《毗湿奴往世书》（*The Vishnu Purana*）的影响。他是七大圣人之一补罗私底耶（Pulastya）的孙子，圣人毗湿罗婆（Visravas）的儿子。毗湿罗婆与两位妻子分别育有一子，即俱毗罗和恶魔罗波那。据《罗摩衍那》记载，罗波那曾与王子罗摩为敌。后来，俱毗罗娶了罗波那的母亲凯克西（Kaikesi），这样一来，俱毗罗和罗波那就不仅是同父异母的兄弟，前者还成了后者的继父。俱毗罗虽然是一个侏儒，外貌也相当没有吸引力，但他不仅是宇宙中所有常见财富的拥有者，也是所有宝藏的守护者。

吠陀时代的女神

关于众多女神的描述，吠陀典籍仅一笔带过。尽管一些女神可能是同一位拥有多个名字的神明，或者都是某一位神明的分身。其中，最引人注意的女神是波耆。波耆是宇宙中最伟大的女神，作为宇宙中第一个会说话的生灵，她将这种神力传授给了自己的信徒，并被世人奉为"语言女神"。

波耆的功绩在于她吐出了"创世"一词，这种说法和与之相关的神话都令人迷惑不解。因为宇宙形成之时，万物无形，空空如也，波耆和其他神明一样都是不存在的。但如果神明（无论男女）是在自己的行动中被创造出来的，这或许提供了一种答案，即造出"创世"一词的神力衍生出了代表语言的神明，也就是波耆。自此，波耆凭借创造语言的神力和影响力藏身于宇宙之中。

娑罗室伐底是湿婆与杜尔迦的女儿，她也是赋予人类语言能力和智慧的神明。凡人唯有努力进修，增长才干，才能超脱于尘世，获得真知，因此娑罗室伐底是凡人获得解脱的关键。据吠陀典籍记载，曾有一条河流与娑罗室伐底同名，所以她本来可能是河流女

波耆是宇宙中最伟大的女神，作为宇宙中第一个会说话的生灵，她将这种神力传授给了自己的信徒，并被世人奉为"语言女神"。

到底有多少位神明？

想知道印度到底有多少位神明，这并非易事。如果不以名字论，而从神明的神力或性质角度来考虑，神明数量无疑是庞大的。有传说认为，神明的分身仅凭借自身强大的实力就可独立存在（与本体分开），而得以重生的神明也能幻化成另一位神明（与之前完全不同）。当然，这种可能性尚无法确定。

《梨俱吠陀》中一共提到了33位神明，他们皆以因陀罗和阿耆尼为首，包括阿底提耶众神、婆苏众神、楼陀罗和双马童等。虽然这本花名册已经足够清晰明了，但仍与相对应的女性神明（亦可称为配偶）的数量相互矛盾，而且也没有提及其他家喻户晓的大多数神明。

吠陀时代，许多神明均有多个分身，后来分身也纷纷演变成非常重要或相对独立的神明。伴随着社会变迁，新晋神明与信徒逐渐建立了关系，最终与其他神明一起进入了万神殿。

神明的数量及他们之间的关系会伴随着神话、传说的演变而不断变化。若先将某位神明置于至高无上之位，再施以各种方法将众神排列起来，这尚有可能。但若想清楚地阐述所有神明在等级制度中的地位，甚至给每位神明的身份下个明确的定义，这就绝无可能。几乎所有神明的故事或传说都不止一个版本，即便是讲述同样的事件，也会塑造出不同形象的神明，有时甚会自相矛盾。而信徒个人或群体可能会更偏好某一个版本的传说，且始终没有达成共识。

神明的数量有多少，以及神明的身份有多少种，凡人根本无法探其究竟。而这到底是令人沮丧还是令人信心倍增，很大程度上取决于研究者自己的判断。有人认为，印度神话并没有向世人呈现事实，反而给出了有待深思的无尽奥秘，带来了新的证据和新的问题。印度神话诠释宇宙的内容并不及给凡人留下的疑惑多，在宇宙万物仍不清不楚的状态下，凡人不得不陷入困惑，并在困惑中寻觅自我。

神。如今这条河流已经不为人知，可能已经干涸，也可能已经改名，又或者一开始就是人们在影射一个根本不存在的地方。

《梨俱吠陀》中有20首以"乌莎斯"为主题的赞美诗。身为黎明女神，乌莎斯不仅带来了光明，还是宇宙秩序的管理者。由于白昼与黑夜的不断交替给人类带来不安，乌莎斯便始终在驱逐黑暗，并担任着唤醒世界、让众生开启新一天的劳作的职责。除此之外，乌莎斯还是宇宙的计时器，计算着人类寿命的长短。

众所周知，乌莎斯也是一位女猎手，她能够洞悉一切，有时会支援战斗，帮助其他神明击退敌人。人们常常一起提及乌莎斯与她的妹妹暗夜女神拿德利（Ratri），这两位女神都十分年轻貌美，但我们并不知晓拿德利的更多细节。

与天神达尤斯一样，地母婆利蒂毗也为世间万物提供赖以生存的食物。但婆利蒂毗虽拥有沃野千里，却仍需要天空降下甘霖，以滋养万物。曾有一位叫钵哩提（Prithu）的国王目光短浅，在征得梵天允许后企图杀死婆利蒂毗。他认为这样一来，婆利蒂毗的沃土就会变得贫瘠，而自己领土上的饥荒就能结束。暂且不论杀死婆利蒂毗、抢夺财物是不是可行的，结果是婆利蒂毗另辟蹊径，解决了此事。她说服梵天让自己幻化成奶牛，用奶水使钵哩提的领土恢复了肥力。最终，农作物破土而出之时就是饥荒终结之时。

此外，女神阿兰尼耶尼（Aranyani）守护着森林中的各种生灵，而尼利提（Nirrti）若是没有准时得到祭品，便会摧毁一切。《吠陀经》中虽然也提及了众多女神，但要么是一笔带过，要么是影射其为某位神明的分身。值得一提的是，很多等级不高的女神都与印度教某些具体的场所或活动有关，她们可能是雅利安人信奉的地方性神明，也可能是典籍中提及的其他神明的分身，或者两者兼是。

达刹与他的后代

据后世传说记载，达刹是梵天之子，也是守护生灵的生主之一。达刹在宇宙神话中的地位并不低贱，甚至有人认为月亮的阴晴圆缺是他说了算。达刹的妻子之一钵罗苏底（Prasuti）为他生育了多个女儿，据说共有24个，但也有人认为远不止这个数。她们大多与美德有关，如智慧、真相与宽恕。达刹的另一位妻子潘恰格尼（Panchajani）也生育了很多女儿，据说其中的27个女儿都嫁给了同一位神明，他就是月亮之神昌德拉。

达刹与潘恰格尼的女儿们是满天繁星，分别代表了印度占星术涉及的27个星宿（也称"月站"），月亮年年穿梭其中。有传说记载，昌德拉最疼爱的妻子是他们的女儿之一罗希尼（Rohini），对其他妻子则漠不关心。达刹听闻此事后，便诅咒昌德拉，让他日渐

达刹与潘恰格尼的女儿们是满天繁星，分别代表了印度占星术涉及的27个星宿（也称"月站"），月亮年年穿梭其中。

衰弱直至消亡。于是，女儿们便去恳求达刹，请他不要如此严苛地对待昌德拉，达刹便修改了诅咒。所以每个月中，昌德拉（月亮）都会慢慢地消失，但最终会重回满月状态，开启新的周期。这就是月球周期的起源。还有传说认为，达刹后来接受了湿婆的帮助，并馈以膜拜之礼，所以湿婆开启的是太阳周期，这也证实了他在宇宙重生中的作用。

达刹有一个女儿名为檀奴，她是众多反抗神明的生灵的母亲。这些生灵尊阿修罗王钵利为首领，钵利聪慧且仁慈，但也一直野心

左图：达刹因与湿婆长期不和，致使女儿夏克提走上了自焚的不归路，最终自己也死于湿婆的复仇之剑。虽然达刹的躯体后来得以复原，但头颅已经被焚毁，便只能用山羊头来代替了。

印度神话 65

勃勃。他曾发动战争，打败了提婆众神，并控制了天界。

后来，钵利被毗湿奴的诡计欺骗了。据说，毗湿奴曾伪装成一个天真无邪的孩童与钵利打赌，他说自己将尽力跨出三步，钵利要将这三步涵盖的土地全部赠予他。一旦钵利点头，毗湿奴就会变身成庞然大物，以三步覆盖冥界和尘世。果然，钵利中了毗湿奴的圈套，最后他不得不兑现自己的承诺，将世界拱手相让。

钵利最终被流放到了冥界，但他的仁政仍然得到了众人的拥护。檀奴的孩子们檀那婆曾经帮助过钵利，他们要被驱逐到世界的深水区域。但檀奴是原始水域之主，所以毗湿奴对檀那婆的惩罚并不算什么，檀奴甚至可以直接将他们送回原地。据《吠陀经》记载，檀那婆邪恶无比，一直与提婆众神为敌。

悲剧女神夏克提

夏克提有时是指一种拟人化的概念，例如创世之力。有传说认为，夏克提更像是阅历丰富却以悲剧收尾的半神。在这个背景下，夏克提又名达克沙尼（Dakshayani），是达刹的女儿。

夏克提请求父亲将自己许配给湿婆，可达刹根本就瞧不起湿婆，便一口否决了。可尽管达刹不愿意，夏克提最后还是与湿婆成了夫妻。达刹为此而愤怒不已，拒绝与二人扯上任何关系，甚至不允许夏克提夫妇参加自己举办的盛大典礼。但夏克提在没有被邀请的情况下仍然出席了典礼，这无疑伤了达刹的面子。就这样，在后来的宗教仪式中，达刹开始用各种方法羞辱湿婆，包括毁坏湿婆的雕像。

看见自己的丈夫以这种方式被大大地羞辱，夏克提愤而跳进了献祭的圣火中，自焚而亡。湿婆的侍从企图为夏克提复仇，却被达刹和他的客人们击退。湿婆深爱着夏克提，是一位好丈夫。侍从将夏克提之死的消息带回后，湿婆便不遗余力地大加破坏达刹的仪式。这是一场惊心动魄的战斗，甚至唤醒了可怕且强大的毗罗婆陀

对页图：毗湿奴伪装成一个天真无邪的孩童，钵利中了他的诡计。作为一个让众神敬佩的对手，钵利意识到自己被骗后爽快地兑现了承诺，将世界拱手相让。

罗（Virabhadra）及他的妻子跋陀罗迦利（Bhadrakali）。

紧接着，达刹在战斗中身亡，仪式被迫中断，因陀罗等其他神明也身负重伤。湿婆撤退后，现场一片狼藉，打了败仗的其他神明便向梵天寻求帮助。梵天代表达刹一方向湿婆求得宽恕，湿婆应允了。因达刹的头颅已被严重烧毁，湿婆便用山羊头代替，使达刹得以复活，并治愈了他的重伤。最后，仪式继续进行，达刹和宾客们膜拜湿婆，并成为湿婆最亲密的拥护者。死去的夏克提则转世成为雪山神女帕尔瓦蒂，与湿婆再续前缘。

这个故事正好印证了湿婆引导宇宙循环的角色。湿婆怒火中烧之时虽有摧枯拉朽之势，但本身是宽容大度的。湿婆的种种行为为各种各样的重生、更新创造了机会，这体现在他可以将达刹对他的小恨小怨转化成二人之间的友谊；在仪式中，达刹出于私怨毁坏湿婆的雕像，暗喻着世界将堕入无药可救的邪恶之中，但最终将会回归于善；夏克提献祭圣火引发了大战，却也让更美好的事物得以现世，而且她最后得以转世重回爱人身边。

性力派是印度教三大主流派别之一。他们认为，夏克提是主神，其他女神都是夏克提的分身。从广义上来看，性力派有不同分支，他们膜拜夏克提的不同分身，如极具破坏力的迦梨和相对较为友善的帕尔瓦蒂。

拉缇与迦摩

《往世书》中提到了很多关于拉缇（Rati）和她丈夫迦摩（Kama）的故事，但《吠陀经》中几乎没有什么记载。拉缇和迦摩是一对幸福的夫妻，与肉欲之欢有关。迦摩是爱欲之神，他还有一个名字叫曼玛塔（Manmatha，意指让人一见倾心的人），因与古印度典籍《爱经》（*Kama Sutra*）有紧密的联系而广为人知。

不同版本的拉缇与迦摩的故事是相互矛盾的，但某些细节的描述又是一致的。在不同版本的传说中，迦摩的出身亦有不同。据吠

陀时代的故事记载，迦摩是宇宙的创世之主，他的创世意图促使宇宙得以形成。关于拉缇的身份，说法更是层出不穷。有人说拉缇是生主的女儿，也有人说她是达刹之女，还有人说梵天才是她的父亲。

有一个版本的传说记载，梵天先是创造了包括达刹在内的10位"心灵之子"，紧接着创造了商底耶（Sandhya），她是一位非常美丽的女神。然后，梵天的思想又直接孕育出迦摩。迦摩在宇宙各处播撒爱的种子，工作伊始，他便向梵天与10位"心灵之子"射出了爱之箭，这使得他们都对商底耶产生了爱意。湿婆认为他们的欲望罪大恶极，便对他们发出了警告。

达刹的汗水滋养出了女神拉缇，后来达刹把她许配给迦摩为妻。这桩婚姻得到了众人的祝福，婚后的拉缇和迦摩一直相互陪伴。男欢女爱是生命得以延续的前提，但梵天担心湿婆会反对男女之间产生过多的爱慕之情，便给了拉缇和迦摩一项特别的任务，要

上图：夏克提死后，迦摩和拉缇被委以重任，要为湿婆另觅一位妻子，但迦摩却因此事而丧命。有传说记载，迦摩后来以无形之态复活，这证明他用爱秘密地覆盖宇宙的每个角落这件事得到了回报。

> 迦摩在宇宙各处播撒爱的种子，工作伊始，他便向梵天与10位"心灵之子"射出了爱之箭，这使得他们都对商底耶产生了爱意。

他们让湿婆爱上一个女人。这不是一项简单的任务。因为湿婆曾娶夏克提为妻，但这场婚姻以悲剧收场。自此以后，湿婆将心思都放在了冥想上，成了一个禁欲主义者，根本无心再娶。

在首次为湿婆续弦失败后，梵天给拉缇和迦摩找了个帮手，这个人是春神瓦桑塔（Vasanta），她是所有人的开心果。但即便得到了瓦桑塔的帮助，他们还是失败了。于是，梵天又创造了一群聒噪的紫罗兰色的生灵，他们喜欢大声嚷嚷着"玛丽雅"（Maraya）。梵天以为这样能有所帮助，但湿婆依然不为所动。玛丽雅也被称为"马拉斯"（Maras），意为"杀戮"，这或许是马拉斯也无法点燃湿婆爱火的原因吧。

因为湿婆始终对女性毫无兴趣，所以梵天一直在想办法解决这个严重的问题。这时，一个叫陀罗迦（Taraka）的阿修罗得到了梵天的赏赐，赏赐的内容是能杀死他的只有湿婆的儿子。梵天为了回馈他人对自己的虔诚和尊敬，常常会给予一些失当的恩赐，对陀罗迦的这个赏赐就是其中之一。因为陀罗迦不仅与因陀罗为敌，还密谋推翻众神，所以湿婆之子必须出生，只有他才能阻止陀罗迦的恶行。

前面提到，帕尔瓦蒂是夏克提的转世，所以她是湿婆续弦的不二之选。于是，迦摩、拉缇还有一众随从打算撮合二人。就这样，先是春神瓦桑塔营造了一个世外桃源，然后是迦摩射出爱之箭，正在冥想的湿婆果然立刻就对突然出现的帕尔瓦蒂产生了爱慕之情。但意乱情迷的湿婆很快清醒过来，并发现了迦摩。湿婆觉得迦摩打扰了自己的冥想，一怒之下动用第三只眼的神力将他烧成了灰烬。众神见了，便向湿婆解释迦摩的行为并非出于恶意，而只是想让湿婆留下后代，以拯救众神。最终，湿婆被打动了，他承诺让迦摩重生，也承认自己爱上了帕尔瓦蒂。如众人所愿，湿婆将与帕尔瓦蒂结合，他们孕育的后代会打败陀罗迦。

> 湿婆觉得迦摩打扰了自己的冥想，一怒之下动用第三只眼的神力将他烧成了灰烬。

有传说记载，迦摩后来以无形之态复活。《薄伽梵往世书》（Bhagavata Purana）中记载了迦摩和拉缇二人转世后重逢的故事，迦摩转世后化身成了奎师那之子明光（Pradyumna），拉缇转世后化身成了莫耶瓦蒂（Mayavati）。还有另外一种说法是，在被恶魔商波罗（Sambara）囚禁期间，拉缇使用的是莫耶瓦蒂的身份，而等到明光前来拯救她脱离苦海后，她就恢复了原来的身份。

拉缇一直以美丽、高贵的形象示人，迦摩则靠鹦鹉获得宇宙的消息。有古老的图像显示，迦摩的坐骑是一只神鸟。也有其他史料显示，迦摩驾驶的是双轮马车（一说是装备了大平台的马车），他向各个角落射出爱之箭，使宇宙间充满了爱与被爱的渴望。迦摩的弓以甘蔗为弓身，以串联起来的蜜蜂为弓弦，箭头上还衔有一朵鲜花。

拉克什米

吉祥天女拉克什米代表着财富、繁荣和好运，常常被视为守护家庭的女神。她也可以引领人们去获得精神财富，影响力远远超过给人类带去的物质财富。作为毗湿奴的妻子，拉克什米是身份最高

下图：《爱经》不仅被翻译了无数次，世人为了得到其中的精髓，还常常大打出手。这本书虽然被尊为"性爱指南"，但实际上，它讲述的内容远比性爱本身广泛、深奥得多。

《爱经》

"经"（sutra）也可被译为"知识"，所以《爱经》就是有关爱欲之神迦摩的知识。这本书并不是世人认为的那样，只是一本简单的性爱指南，它涉及爱的许多方面。《爱经》指导凡人如何寻找合适的人生伴侣，如何赢得心爱之人的芳心，如何维系爱情、经营婚姻，如何妥善行事以获得他人认可，甚至包含如何欺骗一个伴侣，以及如何结束一段糟糕的感情等内容。

总而言之，《爱经》讲述的知识都与满足情感需求和寻求欢乐等人生大事有关，旨在帮助人们建立一段美满的关系。人们对《爱经》性质的普遍误解始于最早的欧洲译本，因其受到了西方价值观及具有迷惑性的流行文化的影响。

印度神话

贵的神明之一，深受凡人的崇拜。

拉克什米是印度神话中的重要角色之一，她的故事不仅有关众神如何获得永生，还解释了一些宇宙现象。故事的起因与因陀罗的一个错误决定有关，这当然并不令人感到意外。因陀罗过分相信自己的作战能力，早已忘记自己的好运与拉克什米的存在息息相关，甚至傲慢地扔掉了圣人赠予他的花环。拉克什米实在看不惯因陀罗这般狂妄自大，便离开了天界。这件事在整个宇宙引起了轩然大波。

因陀罗作为神明确实知晓更多，但圣人的智慧与能力也极其强大，甚至堪比神明。因不满因陀罗拒绝圣人的高傲姿态，拉克什米离开天界去了乳海。拉克什米的离开对于天界来说是个巨大的损失，而且许多宝藏也跟着消失不见了。关于这个故事，在一些版本中，消失的宝藏包括不死甘露（即苏摩）；而在另一些版本中，不死甘露是众神在寻觅拉克什米期间才获得的。

拉克什米离开，宝藏隐匿不见，众位神明受到重挫。另外，凡人也不再供奉祭品，这使诸神的处境更加窘迫。紧接着，恶魔趁机重掌宇宙大权，逼迫众神询问毗湿奴接下来的行动。毗湿奴认为，想要寻回拉克什米和宝藏，就必须前去搅拌乳海。尽管这远非诸神能力所及，但他们还是决定拼死一搏。

有传说记载，众神搅拌乳海近千年之久，最终寻回了拉克什米和消失的宝藏。有了拉克什米和宝藏作为辅助，再加上不死甘露，众神终于打败恶魔，重夺了宇宙控制权。也有其他版本的传说记载，众神采取的是缓兵之计，他们与恶魔达成了分享不死甘露的共识，并允诺事成之后予以重酬。他们让蛇王婆苏吉置身于高山之下，并反复拉扯她的头和尾，不断搅动海洋，使中央形成了巨大的漩涡。

联手出战时，神明非常机智地将婆苏吉的头部那一端交给了恶魔，这样他们就暴露在了婆苏吉呼出的毒气中。就这样，神魔双方不断搅动海洋，终于发现了宝藏的踪迹。此时，他们需要毗湿奴化身成海龟，施以援手。毗湿奴便用龟壳承托着高山，防止其沉入海

对页图：这是一幅描绘拉克什米的作品，她代表着财富和美丽。画面中，拉克什米端坐在莲花宝座之上，象征着知识、自我实现与觉悟。

他们让蛇王婆苏吉置身于高山之下，并反复拉扯她的头和尾，不断搅动海洋，使中央形成了巨大的漩涡。

印度神话

对页图：考虑到制敌之策应因敌而异，女神杜尔迦从诸神那里获得了各种武器。当然，恶魔大多资质平庸、思维简单，所以武器更多是象征性的。此外，杜尔迦还获得了一头雄狮作为坐骑。

底。除了宝藏，搅拌乳海的过程中他们还发现了一种毒药。毗湿奴铤而走险吞下所有毒药，拯救了宇宙，但喉咙中出现了瘀青。为了阻止恶魔取得不死甘露以获得永生，毗湿奴又化身为一个名叫摩酰尼（Mohini）的美貌女子转移了群魔的注意力，并用酒代替不死甘露赠予了他们，除了一个名叫罗睺（Rahu）的恶魔识破了毗湿奴的计谋。

罗睺偷偷饮下不死甘露获得了永生，日神和月神发现后告诉了毗湿奴。为免日后罗睺犯下滔天大罪，毗湿奴将罗睺斩了首。但罗睺已经不可能被杀死了，他的头部和身体一分为二，变成了罗睺和计都（Ketu）两个恶魔。自此以后，罗睺和计都就成了太阳和月亮的死敌，只要一有机会，他们便大肆啃噬太阳和月亮。这就是日食和月食的由来。

在所有寻回的宝藏中，女神拉克什米才是最宝贵的财富。最终，她决定重返天界，并嫁给毗湿奴。就这样，恶魔被打败了，众神获得了永生，宇宙光景更胜从前，拉克什米给予的恩惠也重新为众神带来了好运。

杜尔迦

在印度神话中，杜尔迦有多重伪装，她可以幻化成薄伽梵蒂、帕尔瓦蒂和迦梨等女神。一些传说认为，杜尔迦衍生自其他神明摧毁恶魔的神力；另一些传说则认为，杜尔迦本身就是一位女神。杜尔迦既是一位如母亲般的守护者，也是一个邪恶的复仇者，象征着权力与力量。

杜尔迦曾击败水牛恶魔摩西娑苏罗，立下赫赫战功，这场战争也是湿婆的一个错误决定引发的。诸如"女神不得不肃清男神制造的种种麻烦"这种主题的故事频频出现在印度神话里，而且并无定论。关于杜尔迦大战摩西娑苏罗的结局，有版本记录摩西娑苏罗最后进行了很长时间的忏悔，并赢得了湿婆的信任。

上图：被水牛恶魔摩西娑苏罗打败后，诸多男性神明合力创造了女神杜尔迦。杜尔迦既不对恶魔给予的恩惠动心，也不被男性神明的力量左右。

湿婆既以残暴和毁灭闻名天下，又一直以宽容大度的形象示人。然而这一次，湿婆因判断失误而犯下了大错。他竟然答应了恶魔想要拥有超脱于凡人和神明的力量的请求。这造成的后果是，摩西娑苏罗在宇宙中发动了长达一百年的战争，甚至袭击了众神的统治要塞。即便是强大的因陀罗带领众神反击，也很快败下阵来。

幸运的是，众神得到了梵天的庇护，梵天建议众神合力创造一股力量以击败摩西娑苏罗，这股力量便是杜尔迦。杜尔迦主要源自梵天、毗湿奴和湿婆之力，也有其他神明的少许力量，诸如死神阎摩和众神之主因陀罗。除此之外，婆苏众神、火神阿耆尼也有贡献。集合了众神的力量，杜尔迦堪称所向披靡，但她的力量仍不及

76　　　　　　　　　　　　　　　　　　　　　　　　　　　　　印度神话

湿婆。面对众多男性神明，恶魔摩西娑苏罗战无不胜；但在女性神明面前，摩西娑苏罗束手无策。

众神还寻来各种武器当作礼物送给了杜尔迦。湿婆赠予了杜尔迦三叉戟，毗湿奴拿来了脉轮，因陀罗献上了霹雳，还有其他神明献上了矛、剑和斧。杜尔迦身披战甲、胯骑雄狮奔赴战场，气势恢宏。她击碎了高山大川又堆起新的，搅弄海洋，使海水涌向陆地。就这样，恶魔大军就要被完全击溃，杜尔迦又趁机复活了战死沙场的将士们。

尽管摩西娑苏罗实力非凡，但他无法撼动全副武装的杜尔迦。最后，摩西娑苏罗被一个有魔力的套索困住了，杜尔迦趁机用三叉戟刺他，并用利剑砍下了他的头颅。至此，杜尔迦给摩西娑苏罗对众神的挑战画上了句号，未来她还将继续参与到其他战斗中。

在传说中，杜尔迦参与创造了迦梨女神。恶魔首松巴（Shumbha）与尼松巴（Nishumbha）向众神发动战争之时，为对抗他们，杜尔迦（一说帕尔瓦蒂）的身体中诞生了一位叫考希克（Kaushiki）的女神。考希克心生一计，声称谁能赢了她，她就嫁给谁。首松巴与尼松巴便派手下抓捕考希克，想要打败她。于是考希克施咒，从眉毛中生出一个凶恶的女神来代替自己，这个女神就是迦梨。最后，考希克和迦梨联手击败了恶魔及其手下。其间，考希克的身体也生出了其他女神参加战斗，最后又都回到考希克体内以形成合力，共同打败了强大的敌人。

男性神明的力量可以在与之对应的女性神明或者化身身上体现出来，这种主题在印度神话中反复出现。同样，也出现在许多创世故事和神魔大战的传说中。令人感到惊异的是，虽然后来部分女神成了与之对应的男神或其他男神的妻子，并以独立的身份存在，但是却没有明显地削弱男神的力量。正如迦梨诞生自考希克，考希克又诞生自杜尔迦（或帕尔瓦蒂），但她们都很强大。最终，这一切都可以回到夏克提的概念，她既是神明力量的化身，也是独立存在的女神。

> 男性神明的力量可以在与之对应的女性神明或者化身身上体现出来，这种主题在印度神话中反复出现。

印度神话

迦梨

迦梨女神大概是外界最熟知的印度神明，她拥有强大的破坏力，常常发怒，但这只是她性格中的一面。当杜尔迦的分身考希克正与恶魔缠斗急需援助之时，迦梨自考希克的眉毛中生出，近乎疯狂地投入了战斗。迦梨非常野蛮，甚至不顾自己杀的是敌是友。没过多久，湿婆跪在迦梨面前，请求她恢复理智、停止杀戮，阻止了一场不必要的腥风血雨。正因如此，迦梨的形象经常被描绘成站立在湿婆的胸脯之上。

迦梨又被称为"暗夜之母"，她虽然令人感到害怕，但始终在保护自己的孩子。迦梨常常以漆黑、模糊的形象示人，她有一条用砍下来的手臂串联起来的腰带，其中还夹了一个恶魔的头颅。迦梨并不只是恶魔的天敌；她赤身裸体，以启示众人挣脱幻觉的枷锁；她挥舞利剑，以刺穿将人类与谎言世界捆绑在一起的错觉和虚无缥缈。迦梨让人感到毛骨悚然并不稀奇，因为当人类拨开迷雾认清冰冷的现实时，这种感觉并不令人愉快。

迦梨经常被认为是湿婆的妻子，这似乎与帕尔瓦蒂和夏克提的相关传说有些冲突。然而，鉴于众位神明或各种观念之间错综复杂的关系，这种说法可能也未必矛盾。可以说，迦梨其实是湿婆神力的第三代化身。

犍尼萨与迦希吉夜

象头神犍尼萨与迦希吉夜（Kartikeya）是湿婆和帕尔瓦蒂的儿子。传说，犍尼萨因一次误会而遭到致命一击，相貌变得异于常人。事情是这样的，帕尔瓦蒂让犍尼萨在自己沐浴之时站在一旁守护，犍尼萨也尽自己的义务制止了想要接近的湿婆。但湿婆为此勃然大怒，斩杀了犍尼萨，而完全不知这位守护者是自己的儿子。为了安抚帕尔瓦蒂，湿婆允诺会将自己见到的第一个生灵的头颅替换

对页图：迦梨不仅外貌恐怖，而且喜欢把残肢当成衣服穿，这让很多人误以为她是恶魔。但事实上，迦梨是人类的守护者，而不是敌人，虽然这可能并不重要。

印度神话

右图：犍尼萨被尊为破除障碍之神，他凭借敏锐的观察力和博学多才的实力开辟了前进的道路。他与很多小伙伴为友，如鼩鼱、家鼠等啮齿动物，原因可能是这些小生物能够抵达其他大多数动物不可抵达之处。

给犍尼萨。就这样，犍尼萨获得了一个象头，得以复生。

"Ganesha"这个名字也源自一次意外。因错手斩杀了儿子，湿婆希望可以弥补过失，便将自己的一批手下交由复活后的犍尼萨统领。这批手下名为群神（Ganas），是湿婆的朋友和谋士，犍尼萨因此成为群神之主。有人认为，犍尼萨的象头可能来自其中一位群神，而群神无骨的四肢就代表着犍尼萨的象鼻。这对湿婆来说必定是一次伟大的牺牲，因为群神是他非常亲密的伙伴。

犍尼萨被尊为破除障碍之神，他可以解决所有问题，清除一切障碍。也因如此，犍尼萨常常与鼩鼱、家鼠等啮齿动物有着密切的联系。因为只要给予它们足够的时间，它们就可以咬穿一切。犍尼萨足智多谋，常常帮凡人出谋划策，解决他们生活中的若干问题。但他不是完美的，他断了的象牙是因为月亮之神昌德拉嘲笑他时，他没有忍住怒火。事情发生时，犍尼萨因为醉酒加上异常愤怒，不仅撅断了自己的一根象牙，还朝昌德拉扔了过去，致使昌德拉受了重伤。

据传说记载，迦希吉夜是犍尼萨的兄弟，可能是哥哥，也可能是弟弟。因母亲帕尔瓦蒂偏爱犍尼萨，迦希吉夜便远离了家人。实际上，印度南部十分崇拜迦希吉夜，北部则不然，所以这可能是人们根据两地差异显著的崇拜程度杜撰出来的说法。迦希吉夜代表着在战争中获得胜利，以及获得人生圆满，想实现这些，人就要控制自己的弱点，如贪婪、嫉妒和愤怒，甚至性欲等。许多人认为，世俗的欢乐是人生重要的组成部分，迦希吉夜的信徒却不这么认为，他们将欢乐视为弱点。

迦希吉夜有一个更通俗的名字叫塞犍陀（Shadanan），意指"迦希吉夜的六张面孔"，其中鸠摩罗（Kumara）代表他的青春永驻，萨拉万纳（Saravana）代表他的出生地。出生之前，迦希吉夜一直被安置在森林里的一片湖泊中。这团未成形的生灵如火一般滚烫，甚至连阿耆尼都无法抱住，他只能又被转交给恒河女神甘伽（Ganga），最终甘伽为他找到了一个好去处。迦希吉夜一出生就得到了六颗克里提卡（Kritika）星星，即昴宿星团（Pleiades）的照料，还获得了自己的俗名。也有其他版本的传说认为，迦希吉夜出生时是六个婴儿，最后是被帕尔瓦蒂合为一体了。

梵天

梵天是三相神（即梵天、毗湿奴与湿婆）之一。这三位神明的身份和故事盘根错节，却又相对独立。三相神中的毗湿奴和湿婆被

> 梵天是三相神（即梵天、毗湿奴与湿婆）之一。这三位神明的身份和故事盘根错节，却又相对独立。

印度神话

不同的信徒群体认为是至高无上的神明，梵天却鲜有人膜拜，这是因为完成创世任务的他早已功成身退。

梵天与梵不可混为一谈，梵指宇宙法则，梵天是可知宇宙中的一位主神，是众人信奉的造物主，即生主。据一些传说记载，梵天诞生自宇宙之卵，又用自己的身体孕育出宇宙。

梵天的所有创造并非都是有意为之，至少有些资料是这样显示的。梵天创造出恶魔可能是意外，也可能是因为恶魔一直想要逃脱梵天的控制，又谨慎地选择了某一刻，所以侥幸地成功了。而无论是哪种情况，恶魔最终确实从梵天的大腿中诞生了，梵天便丢弃了自己的身躯。梵天的身躯幻化成了黑夜，恶魔从中吸收了强大的力量，称霸黑夜。接着，梵天又孕育出神明，并再次遗弃了自己的身躯，这次身躯变成了白昼，因此神明在白昼更胜一筹。而后，梵天多次遗弃身躯，身躯又幻化成了黄昏和黎明。

梵天创造了宇宙，让神明和恶魔各居其位，随后又创造了凡人和动物。而梵天最伟大的创造莫过于心灵之子，即七仙人，他们协助梵天完成创世伟业。凡人以植物和动物为食，但神明无以为食，于是便有了祭祀之礼。神明以凡人奉上的供品为生，并与凡人建立了互惠的关系。

梵天与多位女神的关系是众多传说的重要组成部分。有传说认为，夏克提是造物主，创造了梵天、毗湿奴和湿婆。梵天婉拒了母亲的请求，不愿成为她的丈夫，因鲁莽而被烧为灰烬。后湿婆误打误撞战胜了夏克提，又复活了梵天，梵天便取了夏克提的一点骨灰，将之重塑成了自己的妻子。

梵天与女性的关系普遍非常糟糕。他创造了美丽的女神莎塔如帕（Shatarupa），却违背伦理地对她着迷了。明知不该对自己的女儿产生邪念，可梵天根本无法将自己的眼睛从她身上挪开。一旦莎塔如帕离开他的视线，他便生出一个头去跟踪她，即便她跳到高空中也无济于事，他只需要再生出一个头向上看就行了。湿婆只能以直截了当的方式解决这件事，他砍掉了梵天的头颅，并宣布梵天从此以后不

对页图：关于迦希吉夜的出生还有另一个版本的故事。据说，阿耆尼夺取了湿婆眼睛里炼出的六支火焰，奈何无法长时间承受高温，便只能将它们放置在一片湖泊之中。当帕尔瓦蒂抱起火焰变成的六个婴儿时，他们已经合体成为一位拥有六个头的神明，即迦希吉夜。

克里提卡与迦希吉夜的诞生

有许多版本的故事认为,迦希吉夜是阿耆尼和娑婆诃(Svaha)的孩子,这也解释了昴宿星团(六颗克里提卡星星)的由来。大熊座(Ursa Major,包含北斗七星)代表七位伟大的圣人,他们各有自己的夫人。根据印度传说记载,阿耆尼因好色而臭名昭著,他一直垂涎七位圣人的夫人的美色。虽然他知道自己不应该做出格之事,但他还是企图引诱七位夫人。娑婆诃当时还只是一位小神,或者说半神,她阻止了这件事的发生。

娑婆诃伪装成前六位夫人的时候都骗过了阿耆尼,但伪装成第七位夫人阿兰达蒂(Arundhati)时还是被他识破了计谋,因为阿耆尼深知阿兰达蒂绝不会以这种方式背叛自己的丈夫。就这样,阿耆尼爱上了伪装成阿兰达蒂的娑婆诃,甚至对她的这一做法产生了感激。因为阿耆尼认为这能让他在不违反神圣婚姻关系的前提下放纵自己的欲望。

结果是娑婆诃嫁给了阿耆尼,变成了独立的女性神明。火神阿耆尼宣称,在妻子娑婆诃得到世人膜拜之前,自己不会接受任何供奉,后来娑婆诃在火祭中担当了重任。但这对七位圣人和他们的夫人来说并不是什么好事。因为娑婆诃不想怀孕,所以她将阿耆尼的精子藏匿在一个洞穴之中,可洞穴出人意料地生下了一个孩子。

毫不意外,关于这个婴儿的由来一时间谣言四起,七位圣人与他们的夫人也因此事而争论不休。最后,其中六位夫人离家出走,幻化成了六颗克里提卡星星,也就是昴宿星团,而唯一没有离开丈夫的阿兰达蒂则变成了大熊座中的辅星。

印度神话

> **梵天断头传说的另一个版本**
>
> 据该版本的传说记载，梵天和毗湿奴为证明自己比对方更伟大而争论不休，争论的结果是湿婆比他们二人都伟大。梵天恼怒不已，就在背地里说湿婆的坏话，湿婆便用第三只眼的圣火烧毁了梵天的一颗头颅。尽管这样的故事矛盾重重，但梵天的结局都一样，他最终拥有四颗头颅，刚好对应四部《吠陀经》。

得再受人膜拜，以惩戒他的淫欲。

这个故事还有另一个版本，女主角换成了娑罗室伐底（她实际上是湿婆与杜尔迦的女儿）。据说是娑罗室伐底诅咒了梵天才害得他无法被人膜拜，但这种说法也是不确定的。其他一些版本对梵天不受人膜拜的解释也各不相同，有一个版本认为，无人膜拜梵天的原因是他被一位叫薄利古（Bhrigu）的婆罗门阶层的圣人诅咒了。事情的起因是在一次宴会上，圣人提出希望自己策划的祭祀由梵天来主持，但梵天当时正沉浸在娑罗室伐底的奏乐中，心无旁骛，根本没注意到圣人，于是被忽视的圣人便诅咒梵天不得再被凡人膜拜。还有一个版本讲的是梵天在他与毗湿奴的比赛中作弊，用一朵鲜花撒谎骗毗湿奴，毗湿奴为此便诅咒了梵天。

据说，梵天把女人当成工具使用，以阻止凡人挑战神明的权威。其他神话也有涉及类似的主题，以希腊神话为例，宙斯杀死了医神阿斯克勒庇俄斯（Asclepius），目的是阻止凡人因寿命过长而企图夺取宇宙控制权。同样，梵天赋予女人力量以激发男人的欲望，让他们无法保持专注，甚至让欲望与愤怒只保持一线之隔，也是为了保证神明永久的统治权。梵天还创造了一位女性死神，下令让她斩杀凡人。死神犹豫不决，不遗余力地恳求梵天改变心意。她置身高山，远涉海洋，耗时万年之久，一直沉默不语，可梵天始终不为所动。死神悲痛欲绝，只能被迫去执行梵天的命令；她的眼泪化作疾病，令无数凡人备受折磨。

梵天的第一任妻子是谁有许多种说法，如莎塔如帕、娑罗室伐底等，但他确实娶过一位名叫伽耶特黎（Gayatri）的女子为妻。当时梵天正在参加一场祭祀，祭祀要求夫妻二人一起参与。但梵天的妻子迟迟没有出现，他便让人随便找个女人当场结婚，这个女人就

湿婆只能以直截了当的方式解决这件事，他砍掉了梵天的头颅，并宣布梵天从此以后不得再受人膜拜，以惩戒他的淫欲。

是伽耶特黎。当时的伽耶特黎地位卑微，出于偶然得到了神明的点化。梵天的妻子为此愤怒不已，便对梵天施加了诅咒。这也是后来梵天不再被世人膜拜的一种说法。

梵天虽然常常以消极、被动的形象示人，但又是众多神话中的主角，被视为导师和智慧之源。毗湿奴和湿婆常常积极地解决问题，譬如化身为海龟在神魔合力搅拌乳海时施以援手，又或是突然现身于祭祀仪式中去斩杀那些行为不端的神明，用火烧毁他的头颅。相比之下，梵天更多的是提出解决问题的方法。他用智慧引领众神和凡人，是协助众生建立和平的促进者。

此外，梵天也因没有武器而显得与众不同。手持武器的印度众神看起来嗜血、残暴，但实际上武器只是他们精神斗争胜利的象征。众神手持套索、利剑等武器的形象，一般都是在表明他们摆脱了世俗中的杂念与困惑，并非暗示他们时刻在为暴力做准备。没有武器的梵天看起来并不普通，他常常手持他物，譬如经文、莲花等。

有人认为，梵天代表灵魂，毗湿奴代表身躯；也有人认为，梵天的智慧甚至他的行为都受毗湿奴的支配。因此，有人相信梵天要么并无实体，要么只是他与毗湿奴的结合体中的一部分，而其中毗湿奴的这部分较为活跃。

上图：梵天的妻子娑罗室伐底曾化身为河流，拯救了世界。和妻子相比，梵天在尘世事务中扮演的角色较为消极、被动。在印度神话中，梵天被描述为冷淡薄情却又乐善好施、睿智过人的神明，他既是智慧之源，又是人生导师。

毗湿奴

毗湿奴的信徒是印度教中最庞大的主流群体，他们坚信毗湿奴是印度众神中最伟大的神明。在某些版本的传说中，梵天是毗湿奴创造出来的，他是从毗湿奴肚脐中生出的一朵莲花，始终站在错综复杂的神话的中心。传说毗湿奴有10个化身，每个化身各有其

印度神话　　　　　　　　　　　　　　　　　　　　　　　　　　　　　　　　　85

经历。

　　人们一般认为，毗湿奴为守护神，梵天乃造物主，湿婆则是毁灭者。所以，毗湿奴的主要职责是在宇宙钟鸣漏尽之前竭力减缓其衰退的进程，直到无法挽回之际，湿婆和梵天便会摧毁旧世界、开辟新世界。因此，很多关于毗湿奴的传说都以他拯救人类或宇宙于危难之中为主题。譬如有一个故事讲的是恶魔黑冉亚克沙用极其常见的诡计哄骗梵天施与恩惠，好让自己实力大增。黑冉亚克沙和他的兄弟黑冉亚卡西普（Hiranyakashipu，又名金床）两人出生时恰逢黄昏，所以本性恶毒。他们的母亲是底提，底提不仅厌恶自己的丈夫迦叶波，而且生性淫逸，根本不理会迦叶波在厄运即将来临之时给她的警告。

　　黑冉亚克沙一直认为自己是宇宙中最强大的生灵，直到有一天，有人告诉他这份荣誉应属于毗湿奴，他便决定找机会与毗湿奴

下图：毗湿奴的化身公猪筏罗诃与恶魔黑冉亚克沙的打斗长达数千年，在整个过程中，地球就悬在筏罗诃的獠牙（一说大腿）之上。其间，大地女神昔弥怀孕了。

86　　印度神话

三相神

由于印度教的三相神与基督教的三位一体之间存在相似之处,有些人便想将前者等同于后者,这种做法无疑是在过分简单化、表面化二者的相似性。梵天、毗湿奴和湿婆三位神明各自独立,三位一体则是圣父、圣子、圣灵组成的统一体,二者是完全不同的。三相神不是一位由三部分组成的单一神明,而是三位有着千丝万缕的关系,有时又可互换身份的独立神明。

印度教的三相神这个概念起源较晚,可追溯至400至500年,但相关的记载可能更早。这个概念的提出可能为了协调分别推崇湿婆、毗湿奴和夏克提的三大主流派别之间的意识差异,而肯定与基督教的三位一体不是一个概念。

一较高下。毗湿奴居无定所却又无处不在,黑冉亚克沙根本无法确定他什么时候会在什么地方出现。黑冉亚克沙想出了一个颇有野心的计策,他偷走了地球,并将它藏在了海底。就这样,凡人无法再供奉祭品,神明也无法再享用祭品。于是,毗湿奴决定出面解决此事。他了解到黑冉亚克沙兄弟是自己先前守卫的转世,他们之前驱逐过一对圣人夫妇。这对夫妇诅咒他们重生为凡人,但毗湿奴修改了诅咒,使他们重生为阿修罗,这样不仅寿命较短,而且最终会被众神杀死。黑冉亚克沙兄弟曾有机会选择是多次重生为善良的凡人,还是少次重生为邪恶的恶魔,他们最终选择了尽快了结此事。

毗湿奴化身成公猪筏罗诃,潜入海洋,想寻回大地女神昔弥。昔弥本是毗湿奴的妻子拉克什米的化身,自毗湿奴救出她的那一刻,她便与毗湿奴的化身筏罗诃联系在了一起。与此同时,这次营救也让黑冉亚克沙找到了毗湿奴,他要求与毗湿奴决斗。毗湿奴先小心翼翼地安置好女神(有人说是安置在他的獠牙上,也有人说是安置在大腿上),后与黑冉亚克沙开始了长达数千年的比拼。最终,黑冉亚克沙战败,昔弥则在这场打斗中怀孕了。她为孩子起名纳拉卡苏拉(Narakasura),属阿修罗,将来注定被毗湿奴的其他化身斩杀。

黑冉亚克沙被筏罗诃杀死后,他的兄弟黑冉亚卡西普也被毗湿奴的另一个化身杀死了。黑冉亚卡西普曾经成功地平息了梵天的怒气,

这让他获得了神力，虽然细节众说纷纭，但人们一致认同宇宙中大多数甚至所有武器都无法伤他分毫。然而，他的儿子后来成了毗湿奴虔诚的信徒，这让阿修罗一族意图杀死他。但黑冉亚卡西普毫不畏惧，他神力非凡，甚至要求所有生灵都尊他为神，还扬言要挑战毗湿奴以彰显自己无处不在的权威。最后，毗湿奴假装臣服，又瞬间幻化成人狮那罗辛哈（Narasimha）将黑冉亚卡西普撕成了碎片。

有关毗湿奴的后世传说大多围绕着他的主要化身及冒险故事展开，要么是直接讲述其冒险经历，要么是描绘其对尘世的影响。根据大量流传下来的史料可知，人们普遍认为毗湿奴是印度最知名的神明之一，他手持脉轮，象征着其与太阳及时光的流逝密不可分。

湿婆

一些对印度神话一知半解的人严重误解了湿婆的形象，他们认为，因为湿婆是知名的毁灭者，所以必然作恶多端，但事实远比这复杂多了。虽然湿婆偶尔会大发雷霆，可他仍是宽容仁慈的。毁灭世界确实是他的天职，但这是出于一种好意。一旦宇宙堕落，不再适宜生存，湿婆便会将其一举摧毁，为新宇宙的诞生腾出空间。从这个角度来看，湿婆是重生的推进者，而非人类的恶敌。

湿婆始终秉持虔诚，专注于冥想和禁欲，努力构建自己的精神世界。他还协助其他神明守护凡尘，反对放荡的行为，并对此加以惩罚。与此同时，湿婆对妻子们也是爱护有加，但他与夏克提还有其化身帕尔瓦蒂的爱情并不美满。

很多印度传说中都有湿婆的踪迹，他有时以主角的身份出现，有时以终结者的形象出现在别人的故事中。譬如在一个关于国王跋吉罗陀（Bhagirath）的故事中，国王希望恒河女神甘伽能够洗刷自己的祖先犯下的罪孽，便请求梵天用神力将甘伽送到尘世。湿婆看见后用头发缠住了甘伽，以保护尘世不会被完全淹没。最后，大地上形成了恒河。

对页图：湿婆宁愿冥想也不愿参与凡尘事务，他倾向于禁欲主义。但在这幅画中，湿婆被描绘成了英雄，他站立在舞台中央，梵天在他背后祈祷。

相传，梵天和毗湿奴为了证明自己比对方更伟大而争论不休，直到后来湿婆以林伽（Lingam）的形象现身终于让二人意识到湿婆才是最伟大的神明。在某个版本中，湿婆最终惩罚了对他不敬的梵天。关于林伽，各派别意见不一，很多人认为它是阳具的象征，也有人认为它还有其他含义，譬如可能象征着宇宙之卵。

湿婆有很多个化身，《湿婆往世书》（The Shiva Purana）中一共记载了64个，化身大多是确定的，例如化身为苏卡萨纳·穆尔蒂（Sukasana Murthy）与乌玛莎·穆尔蒂（Umatha Murthy）的湿婆与妻子是一体的，林伽·穆尔蒂（Linga Murthy）是湿婆无形的化身。而无论是哪一个化身，都与湿婆紧密相关，信徒们则会按照自己的喜好来选择信奉某个化身。

湿婆的信徒对湿婆推崇备至，且分为多个分支。其中，林伽派信徒只信奉湿婆，且认为本派不属于印度教，是一个独立宗教；其他湿婆派信徒虽然承认其他神明的存在，但乐于秉持湿婆象征的禁欲

下图：群神是湿婆非常亲密的好友兼同伴。他们的外貌千差万别，可能是狗面或驴脸，常常手持骷髅。除此之外，他们还会发出可怕的声音，以吓走湿婆身边的假仁假义之徒。

印度神话

主义或形而上学哲理。与此同时，有关湿婆的神话在不同地区也有所差异，影响着当地人的信仰。

众多印度神话都为湿婆的第三只眼留下了浓墨重彩的一笔，人们认为它可以预见尘世的未来，其他神话体系也有提及这个观点。

> ### 湿婆的群神
>
> 据各种典籍记载，陪伴湿婆左右的群神异常痴呆，甚至有点癫狂。他们的身体上错误地长出了无骨的四肢，与湿婆交流时嘴里嘟囔着无意义的话语，而其他人并不懂他们想说什么。群神的责任之一就是保护湿婆，使其免受不必要的干扰，他们那令人不寒而栗的嗓音和惊悚的外貌足以让修行不足之辈望而却步。所以当群神守护在旁时，只有那些聪明睿智、勇猛果敢、明辨是非之人才能靠近湿婆。

实际上，湿婆的第三只眼睛也具有毁灭的力量。传说，为了撮合湿婆与帕尔瓦蒂，迦摩与拉缇不小心打断了湿婆的冥想，湿婆便用第三只眼将迦摩烧成了灰烬。还有一个传说讲的是帕尔瓦蒂让湿婆的第三只眼显现后，又用手蒙住了第三只眼，结果意外让宇宙陷入了混沌，直到湿婆重新睁开第三只眼，宇宙才得以重见光明。可以看出，这两个故事明显是相互矛盾的。

当湿婆的化身是一位禁欲主义者时，他通常有四只手臂，遍身灰尘，喉咙瘀青。相传湿婆共有五张脸，其中一张脸与他在创造、维持和毁灭这一循环中担任的职责有关。湿婆还是舞蹈之神，是舞蹈的创造者。在宇宙中的第一个生灵夏克提踏上寻夫之旅的故事中，湿婆与舞蹈的关系起着重要作用。事情的起因是梵天与毗湿奴都不愿意成为母亲夏克提的丈夫，夏克提便把二人都烧成了灰烬，只有湿婆勉为其难地答应了。其间，湿婆教会了夏克提跳圣舞，但夏克提犯了错，被自己的强大神力反噬了，湿婆便趁机借助她的力量复活了自己的兄弟梵天与毗湿奴。

幻化成凡人的湿婆手握三叉戟，腰间缀有一面鼓，有时候手里还会拿着一个海螺壳、一把强弓或是一串用金刚菩提种子做成的念珠。这些物品都已经成为现代祭祀仪式中的常见法器，它们将湿婆与其他神明紧密地联系在一起。湿婆也常常以林伽的形式出现，林伽代表他无形的化身。

第三章
史诗巨著1：《罗摩衍那》

《罗摩衍那》是一部史诗作品，相传由圣人蚁垤（Valmiki）编写定本，成书时间为公元前500至前100年，但其中包含的内容更为久远。该书的主要人物是毗湿奴的化身罗摩王子，讲述了他从魔王罗波那手中勇救妻子悉多的故事。

《罗摩衍那》约有2.4万颂（一颂两行），并多次被改编用于表演，也成为许多其他故事的基础。《罗摩衍那》的起源可追溯至有关古印度英雄的民间口头传说，最后发展成关于毗湿奴化身的史诗巨著。书中反派角色的原型同样是凡人，在《罗摩衍那》中，他们幻化成恶魔，能向神明开战。

对页图：这幅画绘有《罗摩衍那》中的主要人物，分别是王子罗摩、他的妻子悉多和他同父异母的弟弟罗什曼那，以及英雄哈奴曼。哈奴曼的精神之父是风神伐由，他赋予了哈奴曼不可估量的神力。

上图:《罗摩衍那》是圣人蚁垤的功绩,他将其首先授予了罗摩王子的儿子拉瓦(Lava)和库什(Kush)。画中,他正在给他的学生婆罗堕遮诵读《罗摩衍那》。

罗摩王子的家族

憍萨罗国是雄踞印度北部的一个大国,由十车王(King Dasaratha)统治。据《罗摩衍那》记载,十车王是阿迦王(King Aja)与因难摩提(Indumati)之子。因难摩提前世是仙女,因受到圣人特尔纳宾杜(Trnabindu)的诅咒被贬为凡人,但她有幸成为公主,并与良人结为夫妇。

阿迦王与因难摩提育有一子,名叫尼米(Nemi),他们一起过着幸福的生活。直到因难摩提早亡,阿迦王悲痛欲绝,便远离尘世,不久也驾鹤西去了。凭借家族拥有的魔力战车,尼米后来成了家喻户晓的十车王,并继承了父亲的伟业。他们的家族以战车为荣,先祖名为罗怙(Raghu)。毫无疑问,十车王是百里挑一的战车驭手,且战功彪炳,但并非战无不胜。

作为一名战士，十车王自然要加入神明的战队，与他们一同对抗阿修罗。那时，他的妻子吉迦伊（Kaikeyi）一直陪伴在他左右，这无疑是一件好事，但后来却成了苦难之源。吉迦伊是凯基亚国阿什瓦帕特王（King Ashwapat）的女儿，她生于富贵之家，有七个兄弟。十车王参战期间，吉迦伊一直与他形影不离，帮他驾驭战车，为他治疗箭伤，是一个令人敬畏的女人。

有一次，十车王战车的车轮坏了，眼看命悬一线，吉迦伊迅速冲上前修好了车轮，并驾车带他逃离险境。十车王十分感激，便允诺要给吉迦伊两样恩赐，吉迦伊笑着说："你活着就是给我的恩赐，这两样恩赐以后再说。"

十车王有三位妻子，分别是乔萨利雅（Kaushalya）、须弥多罗

下图：画中，十车王与随行人员正在前去参加罗摩王子婚礼的路上。十车王十分受人尊敬，但这也是他后来垮台的原因。他被迫流放了自己的儿子，最后饮恨而终。

对页图：王子罗摩欣然地接受了流放，并试图让所爱之人免遭此难，但妻子悉多及弟弟罗什曼那都表示愿意跟随，还有许多其他人也是如此。这幅送别之画鲜明地展现了罗摩在万千子民中的威望。

（Sumitra）和吉迦伊，但没有一位妻子为他生下儿子。在鹿角仙人（Rishyasringa）的建议下，十车王举行了马祭求子仪式，不久后，他的妻子们便怀了孕。乔萨利雅诞下长子罗摩王子；须弥多罗生下两个儿子，即罗什曼那和沙多鲁那（Shatrughna）；随后吉迦伊的儿子婆罗多（Bharata）也出生了。显而易见，罗摩是首选的继承人。当十车王决定远离凡尘时，他便开始准备罗摩的继位仪式了。

十车王骑射之功闻名天下，仅凭猎物的声音就能精准射中目标。但有一次外出狩猎时，他犯下了大错。他根据远处的声音断定在视线范围之外有一只正在喝水的大象，便迅速地射出了一箭，但这次他判断错了。他射中了一个名叫什拉万·库马（Shravan Kumar）的小男孩，当时他正在为不远处的父母汲水。

临死前，什拉万告诉十车王他的父母还在等水喝，心急如焚的十车王便将水送了过去，还告知了他们小男孩的死讯。小男孩的父母悲痛欲绝，便诅咒十车王将受到失去爱子之痛。最后，他们死于心碎，并且至死都没有接受这个杀死他们孩子的男人送来的水。

在罗摩的加冕典礼到来之前，这个诅咒变成了现实。原来是吉迦伊要求十车王兑现当年的两样恩赐：一是让自己的儿子婆罗多继承王位，二是要流放罗摩14年。十车王别无他法，只能点头同意。罗摩被流放后，十车王抑郁而终，婆罗多成了阿逾陀城的国王。

楞伽城恶魔之王罗波那

据《罗摩衍那》记载，罗波那无比邪恶，一直与王子罗摩为敌。据书中记载，他有10颗头颅，20只手臂，但这不是他唯一的化身，他的形象千变万化。罗波那的前世是毗湿奴的一名守卫，名叫加雅（Jaya），他和兄弟毗阇耶（Vijaya）一起被诅咒重生为阿修罗。

由于加雅与毗阇耶拒绝让圣人夫妇进入毗湿奴的庙堂，结果遭到诅咒，要么七次重生为有价值的凡人，要么三次重生为注定死于毗湿奴之手的阿修罗。为了缩短被诅咒的时间，二人选择了后者。

据书中记载，他有10颗头颅，20只手臂，但这不是他唯一的化身，他的形象千变万化。

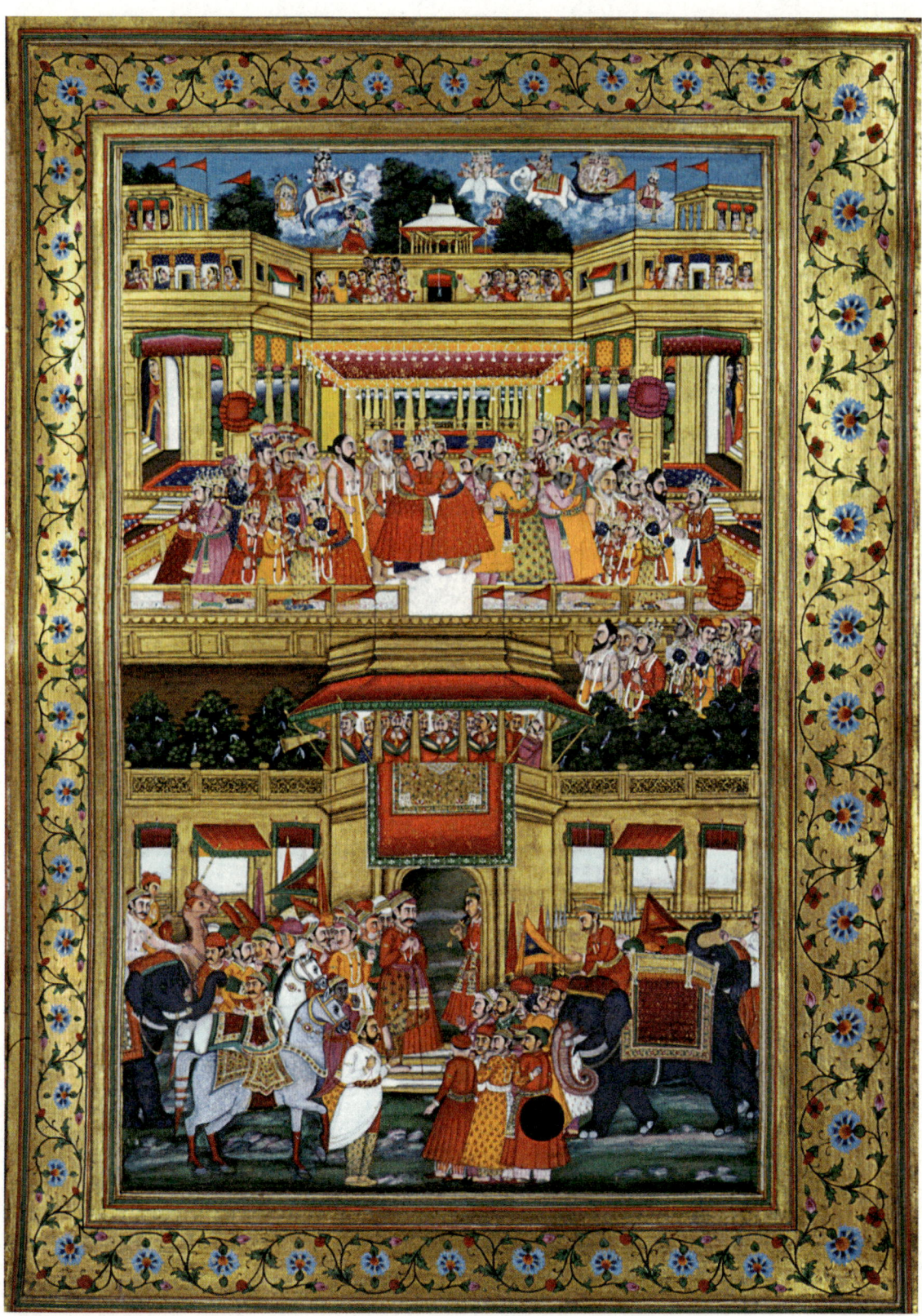

印度神话

右图：罗波那是一位非常强大的阿修罗，世间没有任何武器能将他杀死。作为湿婆的信徒，罗波那本性并不坏，是他想霸占悉多的欲望为自己招来了恶果。

就这样，毗阇耶重生为康巴哈那（Kumbhakarna），加雅则重生为他的兄弟罗波那。

罗波那的父亲是仙人毗湿罗婆，母亲是凯克西。毗湿罗婆还与另一位仙人之女伊拉维达（Ilavida）成婚，生下了儿子俱毗罗。俱毗罗代表着财富与繁荣，统治着楞伽岛（今斯里兰卡）。毗湿罗婆拥有十分强大的力量，这让阿修罗苏马立（Sumali）嫉妒不已，他心生一计，让女儿凯克西假装偶遇毗湿罗婆并勾引了他。后来二人育有四子，分别为罗波那、维毗沙那（Vibhishana）、康巴哈那和首哩薄那迦（Shurpanakha），均属阿修罗。罗波那对自己同父异母的长兄俱毗罗非常不恭敬，但毗湿罗婆对此并不在意。因为毗湿罗婆并不承认自己与这帮阿修罗孩子及凯克西之间的关系，他最终重

98　　　　　　　　　　　　　　　　　　　　　　　　　　　　　　　　　　　　印度神话

回了伊拉维达身边。

罗波那通过平息梵天的怒气而获得了巨大的神力，以至于世间没有任何神明的武器可以杀死他。但他并非无懈可击，在与众神的交战中他常常负伤。而且更重要的是，他始终无法得到凡人的庇护。这很可能就是他最终遭到毁灭的原因。

罗波那其实非常嫉妒自己同父异母的兄长俱毗罗，后来终于找到一个机会把他赶下了王位，还把他的魔力战车据为己有。曼度陀哩（Mandodari）是罗波那的妻子，她前世是一位仙女，名叫摩头罗（Madhura），曾经引诱过湿婆。她邀请湿婆与自己共舞一曲，试图赢得湿婆的疼爱，但帕尔瓦蒂揭穿了她的目的，还把她变成了一只青蛙。湿婆认为帕尔瓦蒂的做法太过严苛，便劝服妻子只让摩头罗做12年的青蛙，而后方可变回凡人。

帕尔瓦蒂同意了，她将摩头罗安置在了一口安全的深井里。湿婆也祝福摩头罗日后可以找到一位智勇双全的人作为丈夫，而且可以是他的信徒。摩头罗的这种经历并不罕见，很多诅咒最后都是以这种方式化解的，这也许是在暗示往昔的罪孽可以通过忏悔来消除。无论如何，摩头罗确实在12年后又恢复了人形，但她变成了一个对自己的过去一无所知的孩子。最后，一对凡人夫妻将摩头罗从井中救出，为她起名曼度陀哩，并将她抚养成人。

后来，罗波那结识了曼度陀哩的继父莫耶修罗（Mayasura），当时曼度陀哩正值青春。罗波那很快沉迷于曼度陀哩的德行和美貌不能自拔，他请求莫耶修罗将曼度陀哩嫁给自己，好处是莫耶修罗可以在他的领土上建立一座自己的城市。就这样，湿婆兑现了自己的承诺，曼度陀哩的丈夫罗波那智勇双全，而且是湿婆的信徒。

曼度陀哩多次告诫罗波那不要作恶，但他并不听劝。身为罗波那的妻子，曼度陀哩始终忠诚可靠，甚至在罗波那企图勾引一个名叫吠陀婆蒂（Vedavati）的善良女子时也没有违背他的意愿。罗波那偶遇吠陀婆蒂时，吠陀婆蒂正在冥想，她拒绝了罗波那的求爱。但罗波那一再坚持，吠陀婆蒂便诅咒了他，随后跳入圣火自焚而

罗波那偶遇吠陀婆蒂时，吠陀婆蒂正在冥想，她拒绝了罗波那的求爱。但罗波那一再坚持，吠陀婆蒂便诅咒了他，随后跳入圣火自焚而亡。

罗波那与湿婆

罗波那是强大无比的阿修罗，拥有雄厚的实力，他也是湿婆虔诚的信徒，代表着绝对力量。有一次，罗波那驾着魔力战车四处游玩，偶遇了一座无法飞越的高山，便准备从中穿过。这时，一个长着猴脸的奇怪侏儒阻止了他，侏儒说湿婆正在山中狩猎，不想被打扰。罗波那被激怒了，他开始晃动高山，吓坏了湿婆的妻子帕尔瓦蒂。

湿婆并没有直接报复罗波那，反而用脚趾用力推倒了山。高山倒塌时压住了罗波那的多只手臂，他痛苦地哀号着。这也是罗波那名字的由来，意为"大喊大叫之人"。罗波那的哭喊声震天动地，连地狱和天堂都能听见。大家惶恐不已，以为是世界末日到了。罗波那无论做什么都无法挣脱出来，最后只好向湿婆求助。

罗波那赞美了湿婆一千多年。除了吟唱赞美诗，他甚至扯出手臂中的筋脉用来弹奏。因为罗波那是一位维纳琴（印度弦乐器）弹奏高手，且造诣颇深。他以弹琴献祭，只为取悦湿婆。最后，湿婆释放了罗波那，罗波那便成了湿婆虔诚坚定的信徒。

亡。吠陀婆蒂死后重生为悉多，并嫁给了罗摩。她生前的诅咒是要在来世成为罗波那死亡的缘由，后来也的确变成了现实。

悉多

悉多是罗摩的妻子，她的出身一直备受争议。很多人认为，悉多其实是罗波那和曼度陀哩的女儿。据说是有人告诫罗波那悉多会成为他的劫难，他便决定除掉自己的女儿，但她被女神昔弥救了。后来，米提拉（Mithila）的雅纳卡王（King Janaka）在一条垄沟中发现了悉多，因为膝下无子，便收养了悉多。

雅纳卡王不仅是一位君主，而且是一位仙人。他的大殿曾接待过许多大人物，也藏有很多奇珍异宝，包括臂拿迦（Pinaka）。臂拿迦是湿婆的弓，凡人根本拿不起它，就更别说用它射箭了，但悉多却能做到。察觉到这一情况后，雅纳卡王便下令，谁能举起臂拿迦射箭，便将悉多嫁给谁。没过多久，罗摩一行人前来拜访雅纳卡

对页图：有故事记载，罗波那曾希望能与湿婆交谈，可湿婆当时正在冈仁波齐峰的山顶上冥想。但罗波那不仅没有等待，反而想把冈仁波齐峰搬到楞伽城。于是，湿婆定住了冈仁波齐峰，不让其晃动，还困住了罗波那的手。

王,他用臂拿迦射出利箭证明了自己的英勇,顺利与悉多成婚,他的兄弟们也各自缔结了良缘。

有人认为,悉多实则是吠陀婆蒂的化身。为了摆脱罗波那的求爱,她曾经以死明志。吠陀婆蒂本是圣人库沙德瓦哈(Kushadhwaja)的女儿,曾发誓此生只会嫁给毗湿奴,所以对罗波那给予她的巨额财富和安逸生活不屑一顾。罗波那为此愤怒不已,他扯住吠陀婆蒂的头发不让她逃走。这时,吠陀婆蒂一把将头发剪断,用头发困住罗波那并诅咒了他,最后跳进了圣火,自焚而亡。

悉多与罗摩的结合是必然的,因为这意味着重生后的吠陀婆蒂如愿以偿地嫁给了毗湿奴,而拉克什米(悉多为拉克什米的化身)理所当然和毗湿奴(罗摩是毗湿奴的化身)在一起。罗摩与悉多婚后十分幸福美满,彼此忠贞不渝。而罗波那妄想将悉多据为己有,这不仅是在冒犯众神,也必然会惹怒罗摩夫妻二人。

下图:这幅画是18世纪的作品,描绘了罗摩与悉多的婚礼队伍。那时,十车王统治的天下风调雨顺,河清海晏,直到猜疑和宫廷政治使得一切戛然而止。

罗摩王子的流放

十车王年事已高，希望能够卸下王权重担，罗摩无疑是最佳人选。他不仅是十车王的长子，王位的第一继承人，而且谦恭有礼，深受朝臣赞赏。更重要的是，他聪明睿智，对众神恭敬有加。于是，十车王召集众臣，示意立罗摩为王，所有人都交口称赞，拟定第二天举行加冕典礼。

吉迦伊尽管知道自己的儿子婆罗多也有机会继承王位，但还是同意了十车王立罗摩为王的决定。但吉迦伊有一位驼背的女仆，名叫曼他罗（Manthara），她并不认为罗摩继承王位是一件好事。正当罗摩与悉多沉浸在继任的喜悦中，紧锣密鼓地筹划加冕之礼时，曼他罗勾起了吉迦伊的疑心。曼他罗称，罗摩继承王位会削弱吉迦伊的地位，甚至会把她的儿子婆罗多贬为仆人，吉迦伊被说服了。很快，吉迦伊便认定了这场加冕典礼是丈夫对自己策划的一场阴谋。她显然已经忘记当初二人并肩作战、共同击退阿修罗的场景，也忘记了彼此的赤诚相待之心，但唯独没有忘记当年她救下十车王时，他承诺赐予自己两样恩惠。她怒火中烧，卸下装扮，等待着她的丈夫。没过不久，十车王过来找吉迦伊，一心想要看见她因典礼而高兴的脸庞。

十车王一眼就看出了妻子心烦意乱，便询问何事让她不悦，又如何能让她开心。他承诺，只要吉迦伊能开心起来，他愿意做任何事情。吉迦伊便开口要求十车王兑现当年的承诺，赐予她两样恩惠：一是让自己的儿子婆罗多继承王位，二是把罗摩流放到森林里14年。十车王听到后惊慌失措，他不愿意这么做，便恳求吉迦伊不要提这样的要求。可吉迦伊没有退让，甚至在十车王说出如果流放罗摩，他自己也会因此丧命的话时，依然没有动摇。十车王表示，只要能把罗摩留在宫中，他愿意把王位传给婆罗多；但吉迦伊还是没有接受这样的讨价还价，十车王最后只好作罢。

罗摩到来之时，发现父亲一副惊魂未定的样子，便询问发生了何事，但十车王悲痛不已，一言不发。吉迦伊告诉罗摩，他的父亲不得不做一个痛苦的决定，但他说不出口。而只要罗摩起誓一定会遵照父亲的意愿行事，她会告知罗摩全部的实情。罗摩对狡诈的吉迦伊毫无防备，便立马应承下来。罗摩刚完成起誓，吉迦伊就说出了一切。

得知自己要被流放，罗摩并没有灰心。他虽然很难过，但还是很得体地告别了国王夫妇，并告诫自己的兄弟罗什曼那要保持冷静克制。罗什曼那认为十车王的决定愚蠢又欠妥当，但兄长罗摩却要他遵循达摩之道。罗摩知道，遵照父亲的指示就是走正途，从天命。

罗摩拒绝了兄弟罗什曼那和母亲乔萨利雅要跟自己一起被流放的请求，但妻子悉多坚持要跟他一起去。悉多将自己全部的钱财分给了贤德之人，准备好与罗摩一起离开。罗摩和罗什曼那也做了同样的事。罗什曼那不顾罗摩的强烈反对，坚持和他们一起走。随后，三人一起拜别父母，开始了远行。跟随他们一起上路的还有很多阿逾陀的百姓，他们声称无论罗摩走到哪里，都决心一直跟随。

但罗摩不想让阿逾陀的百姓在森林中遭罪，所以出城第一天，他便和悉多、罗什曼那趁着夜色乘战车悄悄溜走了。就这样，百姓只能各自返回家中，罗摩三人则继续前行，到达了神圣的恒河。在这里，罗摩遇到了他的好朋友俱诃（Guha），作为一方之主，俱诃因重遇老友、结识新友而欣喜不已，还赠予了他们厚礼，但罗摩都婉拒了，他立志做一名隐士。

第二天，罗摩三人横跨恒河，继续前进。流放至今，十车王的总管素曼特拉（Sumantra）一直陪伴在罗摩左右。他奉命要亲眼见证罗摩兑现被流放的承诺，并将罗摩对婆罗多的祝福带回宫廷，如今任务已完成，罗摩便派战车载着他回去了。

素曼特拉带回的消息让十车王悲痛不已，不久便逝世了。婆罗多只得听命前往都城接管大权，这件事虽然将他送上了王位，同时也让他声望大跌。于是，婆罗多前往流放之地寻找罗摩，打算带他

得知自己要被流放，罗摩并没有灰心。他虽然很难过，但还是很得体地告别了国王夫妇，并告诫自己的兄弟罗什曼那要保持冷静克制。

回家，罗什曼那热情地接待了婆罗多。婆罗多将父亲的死讯告知了罗摩，乞求他返回阿逾陀成为国王，可罗摩并不愿意，因为他要在这里兑现十车王给予吉迦伊的承诺。他还说，达摩要求他在这里当14年的隐士，而婆罗多的责任就是统治阿逾陀。

婆罗多答应了罗摩，但他并没有以自己的名义称王，而是以罗摩的名义代管阿逾陀直至他回归。婆罗多隐居在都城附近的一个小村庄里，一边处理政事，一边将罗摩的鞋子放在王位上象征着真正的王权归属。与此同时，罗摩和同伴们深入达卡森林，继续流放苦旅。

上图：十车王死后，婆罗多立刻动身去找罗摩，请求他回家重掌王权，可罗摩并不愿意。婆罗多便以罗摩的名义统治阿逾陀，自己并未称王。

流放苦旅

隐士们深居达卡森林自是有好处的，这里居住着许多睿智、贤

印度神话　　　　　　　　　　　　　　　　　　　　　　　　　　　　　105

右图：罗摩下令让罗什曼那毁掉首哩薄那迦的容貌，以惩戒她对悉多的袭击。这导致数千罗刹集结在一起想为首哩薄那迦复仇，但罗摩单枪匹马把他们杀了个片甲不留。

隐士们深居达卡森林自是有好处的，这里居住着许多睿智、贤达之士，罗摩决定好好利用时间，一一拜会诸位圣人。

达之士，罗摩决定好好利用时间，一一拜会诸位圣人。但这里并非绝对安全。有一次，罗摩和同伴遭到了罗刹的袭击，一个叫维罗陀（Viradha）的恶魔抓住了悉多，险些把她抢走了。

罗摩的强弓射伤了维罗陀，可维罗陀很快就恢复了，还用自己的三叉戟来对抗罗摩。罗摩将他的三叉戟射断后，在罗什曼那的帮助下，又挥剑再次重伤了维罗陀。但维罗陀根本不会死，罗摩一行人便将他活埋了。居住在达卡森林的众人一直饱受维罗陀的欺凌，这一次正义之举让众人对罗摩心怀感激。但森林中还有其他罗刹一

106　　　　　　　　　　　　　　　　　　　　　　　　　　　印度神话

直威胁着人们的生命。罗摩许诺会守护各位圣人，还有周边的族群。随后，他又继续自己的拜访之旅。

罗摩与同伴们选择了一个叫潘查瓦提的地方暂时安营扎寨。这里山清水秀，还有很多悉多喜欢的奇珍异兽，但阿修罗首哩薄那迦的到来打破了这里的宁静。首哩薄那迦有很多亲朋好友都住在此地，偶遇罗摩王子时，她正与他们谈天说地，根本无意制造事端伤害任何人。

首哩薄那迦第一次见到罗摩时，就觉得他品貌非凡，对他倾心不已。她化身为一个美貌的女子，试图接近罗摩。首哩薄那迦许诺为罗摩奉上万千财富，只要他肯离开悉多与自己结合，但罗摩一口回绝了。罗摩说自己已有妻室，且对其一心一意，而自己的兄弟罗什曼那一定可以成为她的良配。但罗什曼那也拒绝了首哩薄那迦，他说自己一生都只会追随罗摩。首哩薄那迦意识到自己再次被拒绝后，将这一切都归咎于悉多，并向她发起了攻击。罗摩下令让罗什曼那用利剑割去首哩薄那迦的鼻子和双耳，以示对她的惩罚。后来，首哩薄那迦逃走了，她找到她的兄弟伽剌（Khara）和杜沙纳（Dushana），向他们哭诉了自己的悲惨遭遇。伽剌是罗刹军的一个统领，他决定派一小队罗刹去惩罚罗摩。

罗摩带领同伴击退了前来复仇的罗刹，伽剌为此十分愤怒。他又召集了1.4万名罗刹，并决定亲自领队前去讨伐罗摩和罗什曼那。

煽风点火的首哩薄那迦

首哩薄那迦是罗刹，或者说是恶魔。她的父母是仙人毗湿罗婆和凯克西，出生之时，他们为她起名米娜克希（Minakshi），意思是"像鱼眼睛一样美丽"。凭借沉鱼落雁之貌，首哩薄那迦名扬四海。后来，她嫁给了阿修罗杜什塔布迪（Dushtabuddhi），两人在罗波那的属地享有特权，但杜什塔布迪野心勃勃，想要谋取更大的势力。这让罗波那非常不满，他随即斩杀了杜什塔布迪。所以在另一个版本中，首哩薄那迦一开始发难就不是为了追求罗摩，而是为了实现自己的复仇计划。她知道罗摩有能力杀死罗波那，便希望能够借刀杀人，为杜什塔布迪报仇。

罗摩早已料到伽刺会反攻,便让悉多和罗什曼那躲进山洞里。他向罗什曼那保证,自己的战斗能力是毋庸置疑的,勇气更是无人能敌,但其实他只是想独自应战。

这场战斗根本就是一场大屠杀,数以百计的罗刹纷纷死在罗摩的强弓之下。最后,罗刹军团几乎全军覆没,只剩下了伽刺和杜沙纳。这件事让达卡森林中的圣贤及神明们非常高兴,因为他们的敌人终于被打倒了。

首哩薄那迦最后逃到了她的哥哥罗波那的领地。在得知一切后,罗波那大发雷霆,准备领军攻打罗摩和罗什曼那。人们提醒他要提防战无不胜的罗摩,其中一人献计说,绑架悉多一定能让罗摩悲痛而死;首哩薄那迦也怂恿罗波那霸占悉多为妻,巨细无遗地描绘她的美貌,于是罗波那很快便中计了。

绑架悉多

为了绑架悉多,罗波那第一时间就想到了可以利用自己的魔力战车。但他没有径直前往达卡森林,而是跨海来到了摩里遮（Maricha）的家。摩里遮因被投山仙人（Agastya）诅咒沦为恶魔,他的兄弟巽他（Sunda）有一次醉酒后与投山仙人发生争执也为其所伤,后来他们的母亲塔塔卡（Tataka）带领他们前去复仇,结果是塔塔卡、巽他和摩里遮都成了罗刹。这一次,罗波那与他们缔结为盟友,准备一同攻打罗摩。

摩里遮与王子罗摩的家族也有过交往。摩里遮整个家族都非常厌恶圣人,总是侵扰他们,还占领了卡罗莎和马拉达两地,在那里他们实行恐怖统治,连太阳和云朵都不让进入。圣人们苦不堪言,便请求众友仙人上书十车王,恳请十车王铲除罗刹的恶势力,帮助他们脱离苦海。

众友仙人还特别要求十车王12岁的儿子罗摩也要加入这场行动。虽然不太情愿让幼子参战,但十车王还是点头同意了。众友仙

为了绑架悉多,罗波那第一时间就想到了可以利用自己的魔力战车。但他没有径直前往达卡森林,而是跨海来到了摩里遮（Maricha）的家。

人带着罗摩和罗什曼那离开,力将二人培养成精神强大的勇士。一旦准备就绪,罗摩和罗什曼那就会陪同众友仙人一起前往战场。最后,他们遇到了塔塔卡,并杀死了她。

战争胜利后,众友仙人举行了一场为期六天的庆典。到了最后一天,摩里遮携罗刹军前来攻打他们,朝圣火泼洒鲜血、投掷生肉以破坏典礼,但还是被罗摩兄弟打败了。罗摩用弓箭把摩里遮射进了深达约600千米的大海里,最终典礼得以顺利结束。

回到眼前的战争中来,摩里遮伙同另外两个可以变身的罗刹准备袭击圣人。他们在森林中偶遇了罗摩、罗什曼那和悉多,随即展开了大战。摩里遮的两位盟友死在了罗摩的利箭之下,他自己趁机逃跑了。思虑过后,摩里遮决定改过自新,模仿他以前侵犯过的隐士那样生活。罗波那前来跟他一五一十地讲述罗摩斩杀伽刺并毁掉首哩薄那迦面容的恶行后,摩里遮还是没有下定决心施以援手。

摩里遮惧怕罗摩当然不是毫无缘由的。在听了罗波那的计策

上图:尽管还很年幼,但罗摩和罗什曼那已经长成勇士了,众友仙人还请求十车王让两位王子在庆典期间充当自己的守卫。这场战争的胜利成功地将罗刹驱逐出了卡罗莎和马拉达两地。

印度神话　　109

对页图：罗波那在与秃鹫之王阇陀尤的战斗中走神了，悉多趁机留下了记号，希望罗摩可以照此寻来。猴王须羯哩婆（Sugriva）的猴子们发现了记号，成为罗摩的重要盟友。

后，摩里遮提出了异议，但罗波那一意孤行。他希望摩里遮可以变成一只金色的鹿，引诱罗摩猎杀。而当罗摩和罗什曼那被引开后，罗波那就可以趁机掳走悉多。罗波那认为，即使生离之痛不足以杀死罗摩，至少也能狠狠削弱他的实力，这样自己才能有机可乘。

摩里遮被罗摩打败过两次的惨烈事实并没有打消罗波那的念头，也没有让他意识到他的领地和整个罗刹军可能会因此而陷入万劫不复的危机。罗波那给了摩里遮两条路，要么大战一场后享受荣华富贵，要么现在就死。摩里遮别无选择，只好站在了罗波那这边，同时告诫他这是在自寻死路。

有了诱饵后，罗波那立即驾驶战车回到了罗摩一行人的所在地，还命令摩里遮立刻化身成金色鹿。然而，事情没有进展得那么顺利。摩里遮确实可以变成一只鹿的样子，但没办法掩盖住自己作为恶魔拥有的那种食肉气息。森林中的动物嗅到他身上味道不太对劲，于是都跑开了，罗什曼那也察觉到了异样。他知道变身后的恶魔会捕食森林中的凡人打猎者，他怀疑这头鹿就是恶魔变的。而悉多又想让罗摩和罗什曼那为她抓住这只鹿，她希望以后回到阿逾陀可以有一只漂亮的动物作为纪念品。而如果这只鹿是罗刹，那么杀掉它也算是为民除害了。

罗摩跑去追赶金色鹿，留下罗什曼那保护悉多。这一边，罗摩追出了很长一段路后，才找到机会射杀金色鹿。金色鹿奄奄一息之际，摩里遮现出了真身。但他依然没有放弃扮演诱饵的角色，他模仿罗摩的声音大声呼救，想引悉多出来；另一边，悉多确实是孤身一人了，因为她坚持让罗什曼那去寻找罗摩，虽然罗什曼那认为罗摩战无不胜，不会有丝毫损伤。

罗摩兄弟离开后，罗波那变身成一位隐士接近了悉多，悉多给了他一些食物，俩人还攀谈了一阵。悉多问罗波那为何来到此地，罗波那便揭示了自己的真实身份。他请求悉多成为他的妻子，也就是楞伽城的王后，可悉多断然拒绝，还警告罗波那伤害她只会惹怒罗摩，招来恶果。罗波那听后愤怒不已，便抓走悉多，驾驶战车飞

他请求悉多成为他的妻子，也就是楞伽城的王后，可悉多断然拒绝，还警告罗波那伤害她只会惹怒罗摩，招来恶果。罗波那听后愤怒不已，便抓走悉多，驾驶战车飞速逃离了森林。

印度神话

速逃离了森林。

罗波那的所作所为全都被阇陀尤看见了。秃鹫之王阇陀尤是十车王的老友，与他们整个家族交好。他警告罗波那不要胡作非为，可罗波那并不听劝。于是阇陀尤便对罗波那发起猛烈攻击，不仅把他伤得体无完肤，还砸烂了他的战车，折断了他的弓箭。但最终，阇陀尤还是死在了罗波那的剑下。

悉多无力对抗罗波那，便试着留下记号，以便罗摩可以照此寻来。每当战车从一些可能会向罗摩传递消息的人身边经过时，悉多便会从战车上扔下一件衣服或是首饰，她还特地将一件衣服扔给了山顶的一群猴子们。

悉多被囚禁在楞伽城，罗波那拿出自己如山似海的财富，希望她可以钟情于自己，可悉多根本不为所动。她觉得罗波那就像一只聒噪的鸭子，自己则是高贵优雅的天鹅，她警告罗波那，罗摩找到自己后一定会报复他。罗波那转而威胁悉多，如果一年之内她不嫁给自己，便会杀了她。

罗摩获得盟友

与此同时，罗什曼那找到了罗摩，可罗摩并不想见他。罗摩责怪罗什曼那不顾悉多去追逐幻象，罗什曼那反驳罗摩说他也做了同样的事情。返回落脚点后，他们没有看见悉多，便四处搜寻，结果发现了躺在地上奄奄一息的阇陀尤。阇陀尤弥留之际讲述了刚刚发生的一切，他说自己年事已高，没有能力打败实力不凡的恶魔罗波那。最后，罗摩与罗什曼那怀着沉重的心情将阇陀尤埋葬了。

罗摩与罗什曼那继续寻找悉多，途中遭到一只无头怪物迦槃陀（Kabandha）的袭击，二人联手将其杀死。迦槃陀的灵魂出体，赠予了他们妙计。他建议他们前往哩舍牟迦山找猴王须羯哩婆，猴王会帮助他们寻找悉多。罗摩兄弟照指示来到了哩舍牟迦山，须羯哩婆听闻有两位全副武装的王子在自己的领地周边徘徊，便让猴子们

罗摩与罗什曼那继续寻找悉多，途中遭到一只无头怪物迦槃陀（kabandha）的袭击，二人联手将其杀死。迦槃陀的灵魂出体，赠予了他们妙计。

提高警惕,做好戒备。

须羯哩婆派将军哈奴曼去见两位王子,了解他们此行的目的。得知王子们不是来滋事的,哈奴曼便将他们带到了猴王面前。须羯哩婆表示,如果他们二人愿意协助自己打败瓦利(Vali),他便会帮助他们寻找悉多。为了安慰罗摩,猴王还将悉多扔给猴子们的衣服拿给了他。

罗摩同意帮助须羯哩婆攻打瓦利,随即动身前往瓦利的都城金砣猴国。须羯哩婆正面迎敌,叫阵瓦利,罗摩和其他战士藏身后方,伺机而动。随后,双方激烈交战,直到眼看着须羯哩婆就要败阵,罗摩才果断出手,仅一箭结束了战斗。

须羯哩婆接管了金砣猴国,还下令让瓦利的儿子鸯伽陀(Angada)做继承人。民众欢腾,摆宴庆祝。须羯哩婆也欣喜若狂地加入其中,把对罗摩的承诺忘得一干二净。接下来的整个

下图:在罗摩和罗什曼那的帮助下,须羯哩婆打败了自己的哥哥瓦利,夺取了他的王位。也有其他版本的故事认为瓦利其实就是阿修罗王钵利。这次战役也让罗摩兄弟获得了后来攻占楞伽城的帮手。

印度神话 113

雨季，须羯哩婆都沉浸在王权加身的快乐中，罗摩却日益悲痛欲绝。

罗什曼那以罗摩的名义出面指责须羯哩婆的荒淫无道，还说罗摩当初既然可以救他，现在自然也可以杀他，以示警醒。因惧怕罗摩的强弓，须羯哩婆乞求罗摩能够原谅他，并承诺马上开始寻找悉多。猴王领地中的生灵并非普通的猴或猿，他们都是体型如山一般高大的巨兽，拥有超凡的能力，常年据山为王。他们被分为四支军队，各守一个方位；南面的军队听命于王子鸯伽陀和将军哈奴曼。罗摩觉得能发现悉多的人一定是哈奴曼，所以交给了哈奴曼一枚图章戒指，并嘱咐哈奴曼发现悉多后一定要转交给她，告诉她自己一定会斩杀罗波那。

哈奴曼带领猴军一直沿着南边海域寻找，却没有发现悉多的踪迹。但猴军宁愿饿死在海滩上，也不愿意把寻找失败的消息带给罗摩。这时，秃鹫之王阇陀尤的兄弟商婆底（Sampati）阻止了他们这种无济于事的壮举。猴军便将阇陀尤苦战罗波那以拯救悉多的事情告诉了商婆底，商婆底思虑后决定帮助他们。

商婆底了解到，罗波那已经把悉多带到了楞伽城。尽管情报非常有用，但楞伽城远在千里之外。商婆底提议最好是有人能御风越过鸿沟，经过一番激烈的讨论后，众人一致认为，此事非哈奴曼不可。就这样，哈奴曼攀上摩哂陀山，奋力一跃，顺利抵达楞伽城。金碧辉煌的楞伽城是罗波那妻子曼度陀哩的父亲莫耶修罗一手设计完成的，哈奴曼一时眼花缭乱。

哈奴曼勇战罗刹

哈奴曼变身成一个小家伙，悄悄溜进了城，所到之处的繁华景象令他惊叹不已。他搜寻了罗波那的寝宫，发现悉多并不在里面，最终他在欢乐花园发现了悉多。悉多的身旁有一群罗刹守卫，哈奴曼无法靠近。他还看见罗波那走近悉多，反复告诉她自己拥有大量

对页图：哈奴曼一开始在楞伽城找到悉多时，悉多怀疑他是某个罗刹或罗波那本人的化身。后来，哈奴曼讲了一些罗波那根本不可能知道的事情，悉多才相信他是罗摩的传信人。

因陀罗耆

正如罗波那所料，自己的儿子因陀罗耆（Indrajit，意为"征服因陀罗"）拥有踔绝之能。因陀罗耆出生之时，罗波那下令禁止所有星球移动，以便他能布置因陀罗耆的星相图。没有一个星球不惧怕罗波那的威力和暴怒，所以它们都不得不听命于他。

一旦罗波那的奸计得逞，因陀罗耆就能永生不朽。幸好裟尼（Shani，土星）违背了罗波那的指令，他还因此受了重罚。因陀罗耆虽然没能成为完美者，但实力仍不容小觑。罗波那被众神抓走后，因陀罗耆打败了因陀罗，顺利救出父亲，还将因陀罗捆绑至父亲前认罪。因陀罗耆也因此得名。

罗波那打算杀死因陀罗时，梵天提出可以给予恩惠以交换因陀罗的性命。因陀罗耆便要求梵天赐予自己永生，梵天虽然以违背自然法则为借口回绝了，但还是给予了他几乎无懈可击的神力。除此之外，因陀罗耆又从众神那里搜集了很多神兵利器，实力与日俱增。

的财富，不断强调自己多么爱悉多。罗波那恳求悉多嫁给自己，可悉多始终不为所动，还提醒罗波那罗摩一定会杀了他。罗波那回应道，如果两个月之内悉多不嫁给他，就把她煮熟了当早饭吃。

罗波那和侍从愤然离开后，哈奴曼将罗摩的各种功绩一一告诉了悉多。一开始，悉多并不相信哈奴曼，但哈奴曼一再坚持，还向悉多表达了敬意。他说自己是罗摩的信使，罗摩正在赶来的路上。但悉多依然怀疑，于是问了哈奴曼很多只有长期追随罗摩和罗什曼那的人才可能知道的事情。哈奴曼拿出罗摩的图章戒指，一一回答了悉多的问题，悉多这才相信了哈奴曼。她还交给哈奴曼一件信物，表示他们二人确实已经见过面，请求哈奴曼尽快将消息传给罗摩，因为她只剩两个月的时间了。

离开之前，哈奴曼摧毁了罗波那的欢乐花园，杀掉了前来阻止他的罗刹。罗波那又派精兵前来，哈奴曼瞬间变成巨兽把他们杀了个片甲不留。罗波那最年幼的儿子阿克沙·库马拉（Aksha Kumara）请求前去对抗哈奴曼，他驾着八匹战马拉着的战车，直奔战火中的欢乐花园。他随身携带了各种武器，尽力与哈奴曼缠斗，但还是被哈奴曼双眼射出的热光击退了。随后，阿克沙·库马拉改用弓弩，哈奴曼冲上云霄躲避密集的利箭，并趁机攻击战马，致使马车毁坏。两人再次缠斗到一起，在空中搏斗良久，直到哈奴曼将阿克沙·库马拉从天空中扔下，使其坠落而亡。

最后，罗波那最出色的儿子因陀罗耆（又名梅格纳特，Meghanada）出战了。尽管实力不凡，但因陀罗耆还是使用了梵天制造的神箭才将哈奴曼抓获。事已至此，哈奴曼并未反抗，这可能是出于对梵天的尊重，又或者是他想与罗波那谈判。哈奴曼被带到了罗波那的面前，他很有礼貌地进行了自我介绍，还说罗摩很快就会抵达楞伽城，建议罗波那尽快释放悉多，了却争端。

罗波那怒不可遏，下令处死哈奴曼。众臣纷纷劝阻，言明哈奴曼只是信使，古语云："两国交兵，不斩来使。"罗波那听了后，改令用火烧哈奴曼的尾巴。这是非常不明智的做法；在被拖行穿过街道时，哈奴曼挣脱了束缚，用燃烧的尾巴点燃了楞伽城。在确认悉多没有深陷火海后，哈奴曼转身离去，留下整座城市在烈火中熊熊燃烧。

罗摩进军楞伽城

回到猴军之中，哈奴曼告知众人他已经与悉多取得联络，顿时欢呼声四起。他向朋友们讲述着自己如何斩杀罗刹，又如何摧毁黄金之城楞伽，众人听得津津有味。随后，哈奴曼动身前往金砣猴国，将消息带给了猴王须羯哩婆。

哈奴曼亲口将发生的一切告诉了罗摩，他说悉多仍然活着，没有屈服于罗波那，但她的生命已经受到威胁。他还将悉多的珠宝信物转交给了罗摩，罗摩再次发誓不会抛下悉多，独自苟活于世。第二天，罗摩带领须羯哩婆的军队出发，其间还得到了熊王阇婆梵（Jambavan）出兵相助。

罗摩军队为了顺利抵达楞伽城，耗费了五天用岩石和木材搭建桥梁。其间，罗波那察觉到异常，召开了战争会议。会上，小头领们早就忘了之前哈奴曼对楞伽城造成的破坏，而是宣称击退敌军是

> 罗波那怒不可遏，下令处死哈奴曼。众臣纷纷劝阻，言明哈奴曼只是信使，古语云："两国交兵，不斩来使。"

上图：搭桥前往楞伽城是一项非常浩瀚的工程，但罗摩的军队几天就搞定了。而罗波那偏信部下之言，尤其是与自己同一阵线的部下，坚信罗摩的军队根本构不成威胁。

轻而易举的事情。罗波那听了之后非常高兴，觉得他们提出的建议远比弟弟维毗沙那提出的令人振奋。

维毗沙那虽然是阿修罗，却是忠贞之士。从一开始他就反对罗波那绑架悉多，力劝罗波那将悉多送回罗摩身边。罗波那为此大发雷霆，还下令如有人再提此事，便格杀勿论。随后，维毗沙那离开楞伽城，投靠了罗摩。他还让自己的女儿斯瑞嘉特（Thrijata）好好照顾悉多，等罗摩大军到了后再逃离楞伽城。

维毗沙那求见了王子罗摩。罗摩见维毗沙那手持一权杖，便知他是想帮助自己去对抗罗波那。他热情地招待了维毗沙那，了解了楞伽城的很多秘密，还承诺会与其联手抗衡罗波那。

罗摩迫不及待地想要救出悉多，可出于和平的考虑，他还是想给罗波那最后一次机会。他派鸯伽陀出任使臣，也就是金砣猴国的储君、猴王须羯哩婆的继承人。这项任务危险至极，因为罗波那是出了名的凶残。鸯伽陀向罗波那发出罗摩的最后通牒：要么送还悉多，要么死路一条。他来到罗波那的殿前说，如果有人能抬起他的脚，罗摩便立即撤军。所有人都试了个遍，可鸯伽陀的脚未动分毫。罗波那和众臣勃然大怒，开始辱骂罗摩，鸯伽陀气愤地一拳打在地上，顿时山崩地裂。突然，罗波那的皇冠掉落在地，鸯伽陀顺手抓起它扔向了远处。哈奴曼接住皇冠，放在了罗摩的脚跟前；与此同时，鸯伽陀重返军队。

大战拉开

罗摩发起进攻，数以百万的巨熊和巨猴与罗刹大军在楞伽城展开了搏斗。罗波那命令军队头领衍卜马力（Jambumali）攻击哈奴曼。衍卜马力身材魁梧，有长长的獠牙，以强弓为武器，他的弓被

下图：罗摩的军队抵达黄金之城楞伽城门外，勇士们与罗刹展开激烈搏斗。战事越发胶着，强大的恶魔出动，与罗摩一行对抗。

对页图：对于深陷绝境的罗波那而言，唤醒康巴哈那无疑是冒险之举。但康巴哈那最终还是将对家族和罗刹一族的忠诚摆在了是非对错之前，站在了罗摩的对立面，与之抗衡。

点燃后会发出雷鸣般的巨响，离弦的箭更是如火炬般明亮。哈奴曼掷出巨石，衍卜马力在空中将石头击得粉碎；哈奴曼抛出一棵大树，也被打得粉碎。哈奴曼镇定下来，不顾自己受的伤，又奋力掷出一根铁棒，终于重创了衍卜马力，砸烂了他的战车。这一边，鸯伽陀对战因陀罗耆，也将他的战车砸烂了，还斩杀了车夫。但因陀罗耆及时地隐身了，他正伺机用蛇箭射杀罗摩和罗什曼那，好让他们失去知觉。众兵眼见各将领陷入恶战，信心开始动摇，直到猴王须羯哩婆与维毗沙那集合才重拾信心。罗摩的坐骑迦楼罗（Garuda）也参与了战斗，他救出了王子们，并用神力为他们疗伤。

得知罗摩与罗什曼那已经恢复知觉，罗波那又派出了另一支精锐部队。这次的首领是杜姆拉克沙（Dhumraksha）将军，他率领一支虎狼之军攻打罗摩。在被哈奴曼斩杀之前，杜姆拉克沙所到之处皆是血流成河，哀鸿遍野。哈奴曼后来又对战阿迦帕那（Akampana），双方均是死伤过千，哈奴曼把他的头用力撞向大树，致其死亡。罗波那的另一位首领波罗哈斯陀（Prahasta）再次发起进攻，不幸被须羯哩婆的部下尼拉（Nila）斩杀。

终于，罗波那亲自披甲上阵，和一起的还有他儿子因陀罗耆。他们不费吹灰之力便斩杀了数千士兵，硬是在罗摩的军队中开辟了一条血路。罗什曼那因此负伤，不得不撤离战场，罗摩的军队遭到了重创。最后，罗摩骑在哈奴曼的肩膀上，击落了罗波那的空中战车，成功阻击了敌军的反攻。罗摩深知杀死罗波那对自己没有好处，便允许罗波那回去稍事休息。这是对敌军将领的极大羞辱，同时罗摩军队的士气大增。

康巴哈那参战

罗波那眼见众多将士战死沙场，罗刹更是死伤无数，开始有点害怕罗摩，便决定唤醒弟弟康巴哈那参战。康巴哈那虽然生性快活、秉性善良，但偶尔会生吞圣人，以彰显自己的神力。他现在已

印度神话　　121

印度神话

是一只体形庞大的罗刹，且嗜杀成性。

因未能向梵天求得恩赐，康巴哈那沉睡了很长一段时间。他原本已经获得了梵天的恩惠，可以获得一般的神力，且刀枪不入。但梵天的妻子娑罗室伐底改变了一切，她让康巴哈那变得口齿不清，并陷入长眠。这个故事还有其他版本，传说康巴哈那要求更换恩惠，希望睡六个月后保持长醒。毫无疑问，康巴哈那醒来后定是饥肠辘辘，这时的他对于任何人来说都是一种危险，包括唤醒他的罗波那。

罗波那费了很大劲才把康巴哈那唤醒，详细说明了眼下的局势，但康巴哈那和其他人一样，都认为绑架悉多是个馊主意，还劝罗波那送回悉多。但罗波那根本不听劝，反而还提醒康巴哈那要忠于自己的家族，说罗摩攻击楞伽城是对整个罗刹族的冒犯。最后，虽然康巴哈那觉得罗摩的行为事出有因，但还是不情愿地答应了罗波那。

康巴哈那领众罗刹出战，横扫千军，连杀带吞，连哈奴曼和须羯哩婆都不能与之抗衡。须羯哩婆被眼前的这个庞然大物吓得目瞪口呆，又很快就清醒过来，他咬掉康巴哈那的鼻子，撕裂他的耳朵，然后迅速跑掉了。没了须羯哩婆这个帮手，罗摩立刻被康巴哈那的魔力迷惑了。罗摩的箭只能射中他的幻象，而射不中他的真身。刀光剑影中，两人的打斗异常激烈，直到罗摩射出了神力最强大的箭矢，这场战斗才得以终结。

罗摩第一箭射中了康巴哈那的手臂，康巴哈那奋力反扑了罗摩；第二次出击，罗摩射断了康巴哈那的双腿；最后一箭，康巴哈那的头颅终于掉落了。罗摩把康巴哈那的头颅扔进城中，造成了巨大的破坏。但显然，仅仅被斩首还不足以让康巴哈那完全死掉。临死之际，康巴哈那乞求上天保佑罗摩，希望通过此举获得救赎。他的两个儿子昆巴（Kumbha）和尼昆巴（Nikumbha）也战死沙场。罗波那痛失大将，悲伤不已。

对页图：康巴哈那从未对罗摩抱有敌意，但他注定被射杀、斩首。正如其他恶魔一样，康巴哈那为正义而死本身就是一种获得救赎的方式。

印度神话

因陀罗耆的反击战

随着整个罗刹族成千上万地血洒战场,罗波那的处境岌岌可危。当听到康巴哈那的死讯时,罗波那甚至陷入了昏迷。醒来后,因陀罗耆向他承诺,必定会击杀罗摩和罗什曼那。迅速集结精兵强将,因陀罗耆领队猛烈反攻。借助隐身术,他到处释放魔箭,使得鸯伽陀与须羯哩婆不省人事,罗摩和罗什曼那也遭他毒手。

敌军首领失去作战能力的捷报传来,罗波那兴奋不已。须羯哩婆却陷入了深深的绝望中,他们已经折损了无数的巨猴和巨熊,却还是无法夺取胜利。就连罗摩也无法制服因陀罗耆,他现在是走投无路了。幸运的是,这时熊王阎婆梵带来了好消息,他说须弥山上有一种神秘草药,可以唤醒王子们。眼下只有哈奴曼有本事及时取回草药,所以他立即出发了。赶在黎明之前,哈奴曼带回了草药,罗摩和罗摩衍那苏醒后,即刻投入了新一轮战斗。

下图:罗波那疏远贤臣维毗沙那,致使他转投罗摩,这铸成了大错。维毗沙那能洞穿万物的一切假象,他帮助罗什曼那分辨出因陀罗耆制造的幻象,使得罗什曼那一箭命中了因陀罗耆。

这是血流成河的一天。因陀罗耆屠杀了无数猴兵，还制造出悉多的幻象以迷惑敌军。维毗沙那赶来助阵，揭穿了因陀罗耆的诡计。他将分辨幻象之法和因陀罗耆的软肋一一告诉了罗摩，最后，罗什曼那对战因陀罗耆，射下了他的头颅。

罗波那迎战罗摩

罗波那因因陀罗耆之死再次昏厥过去，醒来后他决定带领剩余的精锐直奔战场，亲自迎战罗摩。须羯哩婆杀死了罗刹的小首领马霍德拉（Mahodra），罗什曼那紧接着斩杀了马哈帕斯瓦（Mahaparsva），救回剩余的全部猴兵。罗摩重新集结了军队，这让罗波那更生气了。他赶走了所有反对自己的人，继续与罗摩和罗什曼那激烈交战。

罗摩之军拉弓搭箭，万箭齐发，罗波那则乘战车伺机反攻。因罗波那精通躲闪之术，众神打抱不平，纷纷伸出援手。因陀罗把自己的战车借给了罗摩，他借助有利位置杀了许多罗刹，又斩了罗波那的头颅。但罗波那立马又生出一个新的头颅，战斗一度陷入胶着。罗摩三番五次射下罗波那的头颅，可罗波那周而复始又生出新的头颅。最后，梵天托投山仙人赠予罗摩神箭，罗摩给予了罗波那致命一击，射出神箭刺穿了他的胸膛。

罗摩凯旋

攻占楞伽城后，罗摩赐予维毗沙那重赏，嘉奖他的助攻，称赞他的正义。此后，维毗沙那成为楞伽城之王。与此同时，哈奴曼为悉多带去了好消息，告诉她罗摩胜了，她也平安了。维毗沙那照悉多的要求为她梳妆打扮，然后将她带到了罗摩面前，但有人疑心悉多是否真的一直只忠于罗摩。于是，悉多以安然无恙地穿过圣火证明了自己的清白与忠贞。

> 罗摩之军拉弓搭箭，万箭齐发，罗波那则乘战车伺机反攻。因罗波那精通躲闪之术，众神打抱不平，纷纷伸出援手。

庆功宴结束后，罗摩回到了阿逾陀，他的弟弟婆罗多和沙多鲁那非常高兴地迎接了他。与罗摩一路同行的是维毗沙那和那些曾与他在楞伽城并肩作战的将士。

传说，罗摩最后在阿逾陀加冕为王，为他的子民开创了黄金盛世。作为毗湿奴的化身，罗摩拥有经国之才，是当之无愧的守护者。在他的统治下，百姓安居乐业，民生富足，社会安定。当然，为了这一切，人们付出了沉重的代价。在某个版本的这一传说中，悉多因社会舆论而遭受了极其不公正的待遇，被迫流放不毛之地。

罗摩坚信悉多在被囚期间仍然忠于自己，但并不是所有人都这么想。罗摩救出悉多时，她已经被另一个男人囚禁了很长时间，人们对此颇有微词，而且悉多当下怀了孕，他们更是耿耿于怀。罗摩非常不情愿地将悉多送往了森林，并派遣了圣人蚁垤悉心照料她。

悉多生了一对双胞胎儿子：库什和拉瓦，他们继承了父母的优秀血统，长大也成了勇士。有一次，罗摩举办马祭仪式时，这二人引起了他的注意。马祭仪式是这样的，让一匹马在城中四处游荡，身后跟着罗摩的士兵，士兵负责保护马，以防别人抓捕或伤害它。如果士兵成功地保护了马，或没有其他危险出现，那么仪式的完成就证明了王权的力量。

马祭仪式的结果是，马被库什和拉瓦偷走了。罗摩随即命令手下找出犯事之徒，但去的人都被二人击败了。罗摩便亲自前去迎战，结果发现他们实力非凡。他邀请二人到阿逾陀做客，后来才得知他们是自己的儿子。而悉多不想再困于尘世，便向大地女神昔弥求助。最后，大地裂出一丝缝隙，悉多跳入缝隙，回到了她的来时之地。

复仇与报应

《罗摩衍那》讲述了一个复仇与报应的故事，亦是在隐喻邪不胜正的真理。罗摩与罗什曼那迫不得已发动战争并凯旋，最后得到

《罗摩衍那》讲述了一个复仇与报应的故事，亦是在隐喻邪不胜正的真理。

了世人的尊敬；大反派罗波那以被毁灭告终；须羯哩婆摇摆不定，经人提醒要履行承诺后得到了救赎，成为受人尊敬的重要盟军。

维毗沙那与康巴哈那好比一枚硬币的两面。维毗沙那不愿助纣为虐，背叛了罗波那，最后反而得到了楞伽城；康巴哈那坚持忠于家族比是非对错更重要，信奉自己的达摩，成为恶魔的忠仆，但也获得了精神救赎。两人都坚定地遵守了自己的达摩，但维毗沙那获益更多一些。从这个角度看，《罗摩衍那》似乎是在告诫众人，信奉神祇乃是重中之重，荣耀可另寻他途得之。

上图：这幅画描述了罗摩和罗什曼那对战罗波那的场景。《罗摩衍那》是一部讲述道德的史诗级传奇作品，传达了正义行善之人终将功成名就，奸邪作恶之人终将惨遭毁灭的真理。

4

第四章
史诗巨著 2：《摩诃婆罗多》

《摩诃婆罗多》是世界上现存篇幅最长的史诗[1]，共 10 万余颂，主次叙事中穿插了许多哲学论述，被奉为人类历史上最重要的文学作品之一，印度另一部举世闻名的文学作品《薄伽梵歌》是它的一个重要组成部分。

传说，《摩诃婆罗多》是伟大的圣人毗耶娑（Vyasa）所撰，由提婆神犍尼萨执笔，主要讲述了俱卢国皇室分支为争夺统治权而发生的俱卢之野大战的始末。这场冲突持续了18天，死伤不计其数。

想对《摩诃婆罗多》的文本性质及重要性下个明确的结论并非易事。这本书不只是一部宗教作品，它深刻地探讨了古印度的社会价值观、历史和文化，书中提及的某些地点都是真实存在的。据推

对页图：《摩诃婆罗多》的内容纷繁复杂，主题始终围绕着俱卢国皇室两派的王位争夺战展开，其间穿插了对哲学、神学等各种学科内容的解读。

---
[1] 考虑到信息的不一致性，此处保留原文。现在人们一般公认我国的《格萨尔王传》是世界上现存篇幅最长的史诗。

断，书中与神话人物对战的某些阿修罗或敌对势力，可能正是那些被印度后起文明武力征服的古老部落。除此之外，《摩诃婆罗多》使用的文学手法和叙事手段也被沿用至今。毋庸置疑，《摩诃婆罗多》是所有史诗作品的典范。

俱卢国是印度历史上真实存在过的国家，曾为北印度的宗教发展和社会进步做出过巨大贡献，《摩诃婆罗多》中的大部分故事就是以此为背景的。公元前1200至前900年，俱卢国还只是个部落联

右图：图中所示是奉行苦行主义的圣人的经典形象，他们在森林中过着朴实的生活，蓬头垢面，身上沾满了尘土。但在这幅图中，仙人毗耶娑的穿着却是异常考究、得体。

盟，后来定都于恒河边的哈斯蒂纳普尔，又名象城。《摩诃婆罗多》中描述的俱卢国既是历史中的真实之地，也是神话中的虚拟之地，与《伊利亚特》（*Illiad*）等希腊史诗中描述的地中海古国存在许多相似之处。对于读者而言，史诗所描绘的世界和当下他们所处的时代并无多大差异，最大的不同之处是史诗里的人们会遇到神明和怪物。这些真实存在却又遥不可及的地方在神话和通俗小说中相当常见。譬如，围绕着亚瑟王（King Arthur）展开的英国历史大部分是虚构的传奇故事，它采用了已知的事实和地点，并添加了大量宗教和想象元素。如果你相信，那它就是历史；若不信，那它就是有隐喻的神话。但不管怎样，故事的背景都是人们熟悉的地方。

对已知的"世界"进行文学处理，远比凭空创造一个宇宙，再向读者解释其由来容易得多。如果书中提到某个城市发生了重要的事，最好不要说明的是它位于何处、又有谁居住，否则或多或少会让读者分心。西方神话、传奇等文本便采用了这种方式，而古城特洛伊或亚特兰蒂斯的神秘国度如今才常常被猜测是古老文物的所在地或事件发生地。这些已经发展为通俗文化的一部分，对此作者不需要多做解释。在讲述俱卢国的故事时，《摩诃婆罗多》也采用了同样的方法。那些在这个时代令人难以置信的故事若是发生在过去，就一定会有人相信。因为若是这些故事本身就为众人所知或是人们坚信事实就是如此，再加上书中人物和某个真实存在过的历史人物扯上了关系，那么它们的可信度就会变得高多了。

象城与俱卢国

和印度其他主流文化一样，俱卢国可能起源于当地人与后来的统治者雅利安人的融合。公元前1000至前600年，俱卢国已经初具规模，建立起了社会文化等级，其复杂程度远超恒河沿岸其他地域。后来，城市规模逐渐扩大、功能逐渐完善，最终成为政治中心。而随着雅利安人的统治区域日渐衰落，权力也转移至俱卢国，

俱卢国是印度历史上真实存在过的国家，曾为北印度的宗教发展和社会进步做出过巨大贡献，《摩诃婆罗多》中的大部分故事就是以此为背景的。

真的有雅利安人入侵吗?

雅利安人入侵印度这个说法并没有得到普遍接受,甚至"入侵"一词都充满了争议,因为它泛指利用一切行为去侵占日渐衰微的地方文化,包括大规模的军事征服和渐进式的人口迁移。如果雅利安人真的进入了印度北部,那也不太可能是在筹划任何大事,而只可能是一小部分人漂泊到此地并想安顿下来,进而引发了当地的小规模斗争。真相是,"雅利安人入侵"极有可能是一种类似军事征服的文化征服,代表着印度文化每况愈下之际被充满活力的新移民注入了新思想。

下图:这一页书稿选自《摩诃婆罗多》,可追溯至1650年左右。我们今天见到的《摩诃婆罗多》早在400年左右就完成了,且其中包含了更古老的内容。人们对它的复述和改编一直未曾停止,还会借助舞蹈、艺术和电视剧等媒介进行传播。

其都城最早定于阿桑迪瓦特(今阿斯萨恩德),后迁至天帝城(今德里)和象城。

雅利安人是否真的曾经入侵印度,又是以何种方式入侵,这些问题在相关的神学资料中都没有明确的记载。研究认为,俱卢国的起源最早可追溯至伟大的婆罗多王(King Bharat),印度次大陆就是以他的名字命名的。婆罗多王将自己的统治疆域从印度次大陆一直扩张到了整个东南亚,向西则远抵波斯,这也造成了人们在使用"婆罗多伐娑"(意为"婆罗多的土地")一词时对其确切所指产生

左图：这是建于12世纪的柬埔寨大型庙宇吴哥窟墙上的壁画，描述了《摩诃婆罗多》中战士们奔赴战场的情景。

了疑问，因为它既可指印度次大陆，也可指婆罗多王的整个统治区域，甚至整个世界。

史诗中，婆罗多王的后裔苏达斯（Sudas）后来成为婆罗多补卢部落（或称阿彻部落）的统治者。婆罗多王是强大的补卢部落的一员，地位尊贵，后来有许多统治者都声称与其一脉相承，以此来证明自身的合法身份和优越地位。补卢部落中的一部分人组成了盟军

印度神话

上图：画中人物是继绝王和毗湿奴。得知自己父亲死亡的真相后，他们二人合力展开了一场艰难且漫长的复仇之旅。如果没有被人劝阻，继绝王可能早就把全世界的蛇都灭掉了。

以对抗苏达斯，进而引发了冲突，这就是《梨俱吠陀》中记述的著名的"十王之战"。后来，苏达斯赢得了胜利，威名远播整个北印度。他还在俱卢周边领域建立了新的家园，而《摩诃婆罗多》中提到的战争就是在这里爆发的。与此同时，苏达斯还组建了一个联邦部落统治整个北印度，后来这个部落逐渐发展成了俱卢国。

继绝王（King Parikshit，又名环住王）统治期间，俱卢国繁荣稳定，人们严格遵循吠陀典籍中的宗教传统，设定正式仪式。俱卢国以外的其他地方也相继效仿。镇群王（King Janamejaya）继承王位后，延续了父亲的盛世伟业，动用武力开疆拓土，立下了赫赫功绩。《摩诃婆罗多》主要记载了继绝王与镇群王的故事，也有其他故事，但并没有做重点阐述。

俱卢国是印度历史上第一个国家级的政治实体，也就是今天的印度。当时的学者们撰写了很多吠陀赞美诗，并按顺序编排在一起，还制定了一系列标准的宗教仪式，种姓制度也是从这个时候开始的。公元前900至前500年，俱卢国的地位一日不如一日，这使得它成为人们在创造重现昔日辉煌时代的故事时的完美选择：地点无比熟悉，其方位和时间却又遥不可及。这相当不容易让人起疑。

俱卢国大势已去，后成为沙维部落的手下败将，但那时的沙维部落还不是吠陀文化的一部分。随着时间的流逝，沙维部落才逐渐被吠陀传统同化，与此同时，俱卢国爆发了内乱。洪水来袭，首都象城陷入累卵之危，俱卢国很快分崩离析，沦为仅统治着几个小地区的地方性王国。

《摩诃婆罗多》的创作

《摩诃婆罗多》定本的编写归功于伟大的圣人毗耶娑（又名广

下图：如果《摩诃婆罗多》确实是毗耶娑所撰，那么他一定是史上最多产的作家之一。他后来又创作了《往世书》，并把《吠陀经》改编成了世人普遍可以接受的文学形式。

博仙人），他言明需要一位不逊于犍尼萨的提婆神在口述史诗时负责抄写工作。这着实是一个不太合理的要求，但犍尼萨认为毗耶娑是一个非常受人尊敬的圣人，便同意出手相助。此外，毗耶娑还编撰了《吠陀经》《往世书》，以及《摩诃婆罗多》的18部分册。

毗耶娑是圣人波罗奢罗（Parashara）的儿子。波罗奢罗一早就知道，在不久的将来他会有一个小孩在吉时降生，成为伟人。后来他遇到了一个渔夫，渔夫有一个女儿，正值适婚年龄，却尚未寻得佳偶，渔夫便将自己的女儿许配给了波罗奢罗。他们孕育的孩子得到了湿婆的祝福，后来长大成为良才。在《摩诃婆罗多》中，这个孩子的母亲名为贞信（Satyavati），一直扮演着重要的角色。

年少时，毗耶娑就已经创作出了伟大的作品。他远离亲人，成为密林中的一名隐士，见贤思齐。其间，他整理了《吠陀经》，撰写了《摩诃婆罗多》和《往世书》，甚至创作了《梵经》（*Brahma Sutras*），又名《吠檀多经》（*Vedanta Sutras*）。毗耶娑从来没有离开过尘世，但一直是长生不老者，也是七仙人之一，以不朽之态立足于世。

叙述、话语与旁白

《摩诃婆罗多》以圣人骚底（Sauti）的叙述展开。骚底在林中遇到了几位好友，大家都很想知道护民仙人（Vaisampayana）为镇群王讲述的那些关于复仇与毁灭的警世故事。故事一开始就给出了很多背景信息，包括婆罗多王的传说，重点是婆罗多王的后裔俱卢族和般度五子之间的争斗。

话语[1]也是《摩诃婆罗多》中广泛使用的文学手法。在某些故事场景中，事件是相互关联的，譬如在天生神眼、可以洞穿战场上一切形势的全胜（Sanjaya）为双目失明的持国王（King

---

[1] 话语：discourse，起源于拉丁语。在文学中，它可以指演讲或写作，用于正式地处理某个主题。

Dhritarashtra）驾驶战车的各种情节中，话语的联系甚为密切。这种文学手法非常高明，一来可以让故事连贯，二来还能顺理成章地解释某些事件发生的必然性。从某种程度上来说，全胜就是这场伟大战役中"无所不知的解说者"（相当于作者）。时至今日，这种手法仍被世人反复使用。

上图：为聚集的圣人们讲述《摩诃婆罗多》，并非仅仅在讲述一个伟大的故事。书中蕴含的错综复杂的含义会成为圣人们未来的辩论素材，而且很有可能的是，没有任何两个圣人会持相同的见解。

话语也发生在各人物之间，但受限于个人的观点或知识。故事中的大部分人物都被排除在外，不再担任解释某种概念（诸如如何排兵布阵、如何惩治俘虏）的作用。这种手法有时候也为小说所用，主要是为了向读者解释发生了何事，以及事情为何发生。在《摩诃婆罗多》中，话语主要是用来说明事实的。史诗并不是简单地讲述一个故事，它着重于指导人们如何做、做什么，以及为什么做。

福身王与贞信

象城福身王（King Shantanu）爱上了恒河女神甘伽。甘伽答应下嫁，但条件是福身王不能质疑，也不能干涉自己的行为。所以，当甘伽要淹死他们的七个孩子时，福身王没做任何阻拦。而在甘伽决定杀死第八个孩子时，福身王再也无法容忍了，他恳求妻子放过孩子。甘伽答应了，并为自己之前的所作所为做出了解释。她说孩子们前生都是婆苏神，由于被诅咒，重生后只能成为凡人，自己这样做是为了帮助他们缩短做凡人的时间。就这样，第八个孩子活了下来，并以凡人的身份生活了很久。尽管他出类拔萃，备受尊敬，

印度神话　　　　　　　　　　　　　　　　　　　　　　　　　　　　137

对页图：在印度神话中，甘伽是圣河恒河的化身。《摩诃婆罗多》中的甘伽是福身王的妻子，也是勇士毗湿摩（Bhishma）的母亲。

却也承受了比其他兄弟姐妹更多的诅咒。

这个孩子名为代婆那陀（Devarata），是一位博学多才的王子，有望子承父业。但当甘伽愤而出走，后又回归福身王身边时，福身王却表示希望另娶渔夫的女儿（也就是毗耶娑的母亲）为妻。这当中的来龙去脉非常复杂。

据说，支提国的国王婆苏在雅穆纳河附近狩猎时，突然思念起自己的妻子山娘（Girika），一时冲动竟然射精了。他将精液装在一个由树叶做的碗里，派老鹰将其送往山娘的居所。老鹰得令后便立即出发了，但中途遭到攻击，碗掉进了河里。仙女阿德丽卡（Adrika）当时正化身成了一条鱼在河中嬉戏，无意中接触到了精液，便怀了孕。而就在孩子出生之前，她被一位渔夫捕获了。

渔夫名叫达沙拉吉（Dasharaj），他是一个部落的首领。当他剖开鱼肚子，鱼儿立刻变成了阿德丽卡。她迅速逃离，游向极乐净土，只留下了一个孩子。达沙拉吉决定将孩子收为养女，因她身上始终有股难闻的鱼腥味，便给她起名鱼香女（Matsyagandha）。即便腥味随身，圣人波罗奢罗第一次见到亭亭玉立的鱼香女还是动心了。

波罗奢罗不久之前刚得到预言，说他将得到一个圣贤做儿子。正当达沙拉吉渡波罗奢罗过河之际，他们提到了嫁娶之事，达沙拉吉便产生了将鱼香女嫁给波罗奢罗的想法。这个故事的某些版本只讲述了这段婚姻，也有些版本提到鱼香女后来为波罗奢罗生了一个孩子（即圣人毗耶娑），还因圣人的恩赐而获得了迷人的体香。这也是后来福身王钟情于鱼香女的原因所在。

不久之后，鱼香女因迷人的体香而得名贞信。渔夫达沙拉吉同意将贞信嫁给福身王，但条件是贞信的孩子必须成为王位的继承人。这就等于要求福身王剥夺他与甘伽的儿子代婆那陀的继承权，他无法接受这样的条件。但当代婆那陀知晓一切后，他选择了放弃王位，立誓要独自过完一生。正因如此，代婆那陀得以享有长寿，甚至可以自行决定何时死去。他被后人称为毗湿摩。

当他剖开鱼肚子，鱼儿立刻变成了阿德丽卡。她迅速逃离，游向极乐净土，只留下了一个孩子。

福身王死后，毗湿摩肩负起了维护国家运行的重任，但他仍坚守自己的誓言，没有称王。福身王生前和贞信育有二子，长子名为花钏（Chitrangada），他一直想要推弟弟奇武（Victhitravirya）登上王位，并为此在战争中丢了性命。确保王位拥有继承者是一件大

右图：这幅画选自16世纪波斯语版本的《摩诃婆罗多》。画中，终身蒙住双眼的甘陀利（Gandhari）始终拥护先天失明的持国，当风烛残年的持国隐退山林时，她跟随贡蒂（Kunti）一起为他送行。

事，所以毗湿摩采取了相当直接的方式提前为奇武寻觅妻子。他从邻国诱拐了三位公主，还击退了所有前来营救的士兵。其中有一位公主名叫安巴（Amba），她说自己已经有了爱人，毗湿摩便放她离去，然而回去后她就被原来的爱人抛弃了。于是，安巴要求毗湿摩与自己结婚，但毗湿摩说自己要遵守独身的誓言，所以他婉拒了安巴的请求。安巴为此诅咒毗湿摩，还声称未来会成为夺他性命之人。

奇武王和另外两位公主结了婚，但他英年早逝，没有留下孩子。按照传统，奇武王的两位遗孀可以改嫁给丈夫的兄弟，以此化解王位又无继承人这一危机，但毗湿摩依然不愿违背自己的誓言。最后的解决方式是，由毗耶娑迎娶安比迦（Ambika）和安波利迦（Ambalika）这两位公主，这样至少能有一位妻子为王室绵延子嗣。

毗耶娑是贞信和圣人波罗奢罗的儿子，也是死去的奇武王同母异父的兄弟。这场婚姻符合习俗，但并非公主们所愿。因为毗耶娑奉行苦行主义，整日蓬头垢面、臭气熏天，毫不顾忌自己的形象。结婚时，安比迦很害怕毗耶娑，便闭上了双眼，这导致她生下的孩子持国先天失明；安波利迦虽然没有闭眼，却吓得脸色苍白，这导致她生下的孩子般度（Pandu）一生下来就肤色惨白、十分孱弱。后来，她们都不愿意与邋遢的毗耶娑同床共枕，便派了一个婢女侍奉他。这个婢女并不害怕毗耶娑，也不讨厌他，他们二人生下的孩子名为维杜罗（Vidura）。维杜罗天资聪颖，智慧过人，被尊为皇室的第一谋臣。

持国与甘陀利

强壮无比的长子持国是理所应当的王位继承者，但因眼盲，他无法执剑守护自己的子民，所以他同父异母的弟弟般度继承了王位。持国迎娶了附庸国犍陀罗国妙力王（King Subala）的女儿甘陀

结婚时，安比迦很害怕毗耶娑，便闭上了双眼，这导致她生下的孩子持国先天失明。

对页图：般度王虽然被诅咒无子，但其妻子贡蒂凭借自己所得的恩赐解决了这一难题。贡蒂生了五个儿子，他们善良且正直，最终打败了他们的对手。

利，但毗湿摩一手操持的这场婚姻没有得到任何人的支持。甘陀利的兄长沙恭尼（Shakuni）极力反对二人的结合，因为不久之前家族中的很多人都死在了俱卢国的利刃之下。但毗湿摩把俱卢国王位继承人之事始终放在首位，而眼下甘陀利是最佳人选，因为她得到了湿婆的恩赐，可以生育100个孩子。

无论甘陀利是否认可这桩婚事，她始终对持国一心一意。她蒙上自己的眼睛，试着去亲身体会持国的世界，这种行为有时也被认为是她对这个世界的反抗。她为持国生下了许多孩子，其中的细节说法不一。在某个版本的传说里，甘陀利怀孕超过了两年还没有生产，当时般度的妻子贡蒂和她差不多同时怀了孕，但早早生下了孩子，这让甘陀利非常沮丧，心情不佳的甘陀利最后生出了一堆灰色物质。后来，毗耶娑将这些灰色物质带走，放进了罐子里。又过了两年，灰色物质变成了100个儿子和一个女儿。

在另一个版本的传说里，甘陀利如预言所示，生下了99个儿子和一个女儿。其间，持国还与一个女仆育有一子，名为乐战（Yuyutsu，又名尚武），他天生热忱，一直希望能取代般度，继承王位。这两个版本的相同之处是，甘陀利的长子都是难敌（Duryodhana），唯一的女儿名叫杜莎拉（Dushala）。

难敌是众多不详预兆的对象，毗耶娑一直十分担忧他的未来。有人建议持国杀掉这个孩子，或用他来祭祀恒河，但都被持国拒绝了。不仅如此，持国还放任难敌胡作非为，祸害子民。然而，难敌的弟弟们一直都对他忠心耿耿，后世统称其为俱卢族。

般度的诅咒

般度王有治国安邦之雄才，但他厌倦了繁重的君王生活，有意趁太平盛世之际退隐。他前往密林，沉迷于狩猎无法自拔。有一次，他瞄准兽群中正在交配的两只鹿，不顾一切射出了利箭，结果其中一只逃跑了，另一只受伤倒地。当般度走近时，他发现自己

印度神话

的猎物并不是鹿，而是一位名叫金丹（Kindama）的隐士。他和妻子因不好意思在大庭广众之下太过亲密，所以化身成鹿藏匿于鹿群中，避免暴露。

金丹指责般度射杀沉溺于爱欲中的动物十分残忍，般度却辩解狩猎万物是自己作为君主的特权。金丹驳斥般度在战争中攻击尚未做好准备的敌军非正义之举，只有公平决斗才可置人于死地。般度根本不明白这番针对敌军的言论为什么也能适用于森林中的鹿。金丹解释说，问题不在于他射杀了鹿，而在于他破坏了自己的肉欲之欢。金丹认为般度的行为就是邪恶的犯罪，便诅咒般度会在向妻子求欢时丧命。般度将实情告知妻子，承认自己因过于沉迷狩猎而犯下了大错。因为这个诅咒，般度只能步奇武王的后尘，无法拥有后

下图：这幅画描绘的是失明的持国正在与儿子和谋臣们商议大事。当般度教导儿子要成为一位优秀的统治者时，持国仍然放纵长子难敌胡作非为，任由他残虐无道，尽失王者风范。

俱卢族与般度族

《摩诃婆罗多》以俱卢族与般度五子之间的权力斗争为主题。般度五子是指般度王的五个儿子，其中长子是坚战。俱卢族是指持国的100个儿子，长子难敌相当顽劣。两派势力有各自不同的教养方式和思想观念，但他们有一个共同点，那就是弟弟们都以兄长为尊。

俱卢族与般度族两派都是神的恩赐。甘陀利得到100个孩子的恩赐，为丈夫持国孕育了俱卢族；般度的妻子贡蒂得到恩赐，能获得神明之子。

代。他发誓要为自己的恶行忏悔，但他仍然需要继承人。

幸运的是，般度的妻子贡蒂得到敝衣仙人（Durvasa）的恩赐，可以请求任何神明赐予自己孩子。因此，般度每个孩子真正的父亲都是神明。长子坚战（Yudhishthira）是死神阎摩的儿子，怖军是风神伐由之子，阿周那的精神之父是因陀罗。除此之外，贡蒂得到的恩赐还能分给般度的另一位妻子玛德丽（Madri）。玛德丽得到了双马童的帮助，生了两个儿子，分别是无种（Nakula）和偕天（Sahadeva）。但般度不知道的是，贡蒂还育有一子，名叫迦尔纳（Karna），他的父亲是太阳神苏利耶。那时，贡蒂还未与般度结婚，她一心想要求证自己所得的恩赐是真是假。恩赐果真灵验了，贡蒂和苏利耶二人的孩子天生卓尔不群。但贡蒂不得不放弃这个孩子，并将他交给了一位住在象城的战车驭手抚养。迦尔纳天赋异禀，驾驶战车的技术可媲美阿周那。

般度最终还是死于了诅咒。为了不让诅咒应验，般度主动远离了妻儿，但有一次当他和玛德丽单独在一起时，他无法控制自己的欲望，一点点地靠近了玛德丽，一碰到她，他就瘫倒在地死去了。毗湿摩和维杜罗得知消息后，急忙赶到森林，发现般度的长子坚战正在为他举行隆重的葬礼。贡蒂当下决定献祭于葬礼的圣火，但玛德丽先一步跳了进去。虽然般度理应得到诅咒，也是他自己引发了诅咒，可玛德丽还是将般度的死归咎于自己。

印度神话

摄政王与权力斗争

般度置身遥远的森林期间，持国成了摄政王，他还立了自己的儿子难敌为继承人，但难敌所受的教育毒害了他的成长。甘陀利的兄长沙恭尼奉命为难敌授课，他满腹怨气，一直怂恿难敌做一个残暴无道的君主，还推波助澜加深难敌对般度五子的不满。沙恭尼给予难敌的教导和般度五子接受的教育是截然相反的。

般度教导他的儿子们要做一个明君，在和平年代给予百姓安康，在战乱年代给予百姓庇护；沙恭尼则教导难敌要不惜一切守护自己的王位和特权，对不忠者一律予以肃清。沙恭尼还告诫难敌一定要成为一名无往不胜的勇士，摧毁一切反抗势力。相比之下，般度的长子坚战接受的教育则是不能对自己的臣民采取暴力。般度死后，贡蒂因无处可去，便带着般度五子返回了宫中，这给持国出了一道难题。他原本一心一意想要立自己的儿子难敌为继承人，但坚战比难敌年长，又是般度的长子，论理他才是最适合的王位继承人。

王权斗争暂时陷入低潮，表面看似风平浪静，实则暗潮汹涌，其间偶尔发生斗争，以及削弱其他派系权力的阴谋事件。般度五子无意对同族下杀手，可难敌却决心要排除异己，然而除掉皇室王子并非易事。

难敌计划让般度五子的死亡看上去像个悲剧。他下令用极易燃烧的漆料在离宫殿很远的瓦尔纳夫拉特森林中修建了一间屋子，屋子建好后，难敌邀请般度五子前来做客。般度五子接受了难敌的邀请，与此同时，维杜罗提醒他们其中必有危险，还命人挖了一条秘密的逃生通道，以便房屋着火时用得上。

遵循难敌的命令修建屋子的建筑师名叫布卢者那（Purochana），他同时接受了伺机放火的命令。然而，般度五子中的老二怖军夜里常常不睡觉，布卢者那根本没有机会下手，他们在这个被涂满死亡之漆的屋子里安全地度过了数月，秘密通道也是在这个时期完工

对页图：因为一个不理智的承诺，黑公主（Draupadi）最后成了般度五子的妻子，还引发了家庭矛盾。尽管处境尴尬，但般度五子懂礼数、知分寸，始终尽力维持着家庭的和睦。

般度五子接受了难敌的邀请，与此同时，维杜罗提醒他们其中必有危险，还命人挖了一条秘密的逃生通道，以便房屋着火时用得上。

上图：木柱王让所有参赛者仅通过水面反映出的影像射中他们头顶上方的鱼形移动靶，结果是所有人中只有阿周那做到了。

的。般度五子把布卢者那骗进屋里，然后从秘密通道悄悄溜走，并跟随维杜罗派来的船夫逃到了安全地带。此时，难敌认为般度五子已经葬身火海，自己继承王位的道路上将不再有很大障碍，除了那些因怀疑他的品性而反对他继承王位的大臣。就这样，持国力排众议，最终还是立了自己的长子难敌为继承人。

木柱王的比赛

难敌谋杀般度五子未遂实则是对其宣战。因不能返回象城，般度五子一行便在森林中藏匿了数月，其间他们还偶遇了一个名叫希丁妮（Hidimbi）的罗刹。因为怖军和往常一样夜里不睡觉，始终守护着兄弟们，所以他总是第一个见到希丁妮。渐渐地，凶狠的希丁妣竟然爱上了怖军。即使怖军后来迫于无奈要对战希丁妣的兄长，也没有影响他和希丁妣二人之间的感情。后来他们生了一个孩子，名叫加托卡查（Ghatotkatcha），他为般度五子效命。

其间，般度五子参加了由般阇罗国木柱王（King Drupada）组织的一场比赛。贡蒂的私生子迦尔纳夺得桂冠，但因身世不详被取消了获奖资格。最终获奖者改为阿周那，奖励是迎娶木柱王之女黑公主为妻。阿周那告诉母亲他赢得了比赛，贡蒂便立刻要阿周那发誓会与兄弟们共享奖励，这十足是个麻烦事儿，因为贡蒂并没有想到比赛的奖励会是与黑公主结婚。但黑公主为寻夫婿曾祈祷过五次，所以无论如何，嫁给阿周那便是得到了般度五子五位丈夫，这场一妻多夫的婚姻也算是遂了黑公主的心愿。

在比赛中，难敌十分照顾迦尔纳。当迦尔纳告诉难敌自己因身份不明而被家族拒之门外时，难敌对迦尔纳说，与个人行为相比，亲缘关系几乎没有任何意义。这番话令迦尔纳感到震惊甚至被羞辱了，因为他习惯于用尽一切手段来捍卫自己与生俱来的权力，但难敌这番话异常坦率且真诚，虽说有一点嘲笑他的努力。受难敌的影响，迦尔纳反过来为俱卢族而战，对抗自己同母异父的兄弟。

这场比赛源于木柱王与他的儿时好友德罗纳（Drona）之间的一场纷争。德罗纳属婆罗门，勇猛无比，精通各种要术，但并不想征战沙场；木柱王的使命是成为一位伟大的战士，但他资质平庸，方方面面都要仰仗德罗纳的帮助。木柱王自知欠德罗纳太多，便对他许下承诺，只要他开口，自己会满足他的任何要求。的确，如果木柱王将一半的王国分给德罗纳，当然能够帮他摆脱贫困，可善良的德罗纳拒绝了，只接受了木柱王答应帮他的承诺。

日子一天天过去了，德罗纳的处境越来越窘迫，甚至连孩子的牛奶都负担不起了，于是他决定前往般阇罗国，向已经称王的木柱王讨一点赏赐。德罗纳现身王宫，希望那个曾许诺给自己半个王国的人可以给他几头牛，供自己养家糊口。

遗憾的是，现在的木柱王已经变得狂妄自大，即便德罗纳能够

德罗纳属婆罗门，勇猛无比，精通各种要术，但并不想征战沙场；木柱王的使命是成为一位伟大的战士，但他资质平庸，方方面面都要仰仗德罗纳的帮助。

对页图：阿周那的射箭技艺十分高超，当因陀罗降雨以阻止阿耆尼火烧森林时，阿周那射出密密麻麻的利箭阻挡雨水落下。般度五子的财富很大程度上得益于阿耆尼的庇护。

说服旁人，木柱王也不会承认自己与德罗纳是旧识。木柱王取笑德罗纳编的故事，无不嘲讽地说，自己这样伟大的帝王或许曾经确实和穷困潦倒的婆罗门弟子是朋友吧，然后命人给了德罗纳一些牲畜做赏赐。但这根本算不上是兑现诺言，也不是一个自知亏欠的人应有的作为，这是一个忘恩负义之徒的施舍。德罗纳拒绝了木柱王的赏赐，转身离去，一心谋划复仇。

德罗纳掸去战甲上的灰尘，重整旗鼓，通过成为俱卢国王子们的导师开启了复仇之路。受毗湿摩之命，德罗纳负责教授王子们各种知识，他还将阿周那训练成了最好的战士。经过德罗纳的教导，王子们当然长成了和忘恩负义的木柱王完全不同的人，他们深知要报答德罗纳的悉心栽培之恩。而德罗纳也提出要求，要他们对木柱王开战。

王子们虽然睿智，但相对更激进甚至鲁莽，他们立即对木柱王发起了一场毫无准备的攻击，很快便战败了，难敌也被俘了。随后，般度五子自行组织，并周密地筹划了反攻，成功地营救了难敌。他们抓获了木柱王，将他带到德罗纳面前，重提他不肯遵守的诺言。木柱王乞求并得到了德罗纳的原谅，承诺会将一半的王国分给德罗纳的儿子马嘶（Ashwatthama）。但木柱王的忏悔并非出自真心实意，他计划报复这个自己年少时期的玩伴，还有这帮羞辱了自己的王子。他举行了一项仪式，向上天乞求能有一个孩子来完成自己的愿望，摧毁俱卢国。上天赐予了他两个孩子，一个孩子叫猛光（Dhrishtadyumna），他奉天命斩杀德罗纳；另一个孩子就是黑公主。她嫁给阿周那，生下的孩子将会长成强悍威武的战士，且效忠于木柱王。木柱王举办这个比赛远远不是为了帮女儿寻夫，而是一个密谋了数年、为一举摧毁俱卢国而精心准备的大阴谋。

印度神话

奎师那与国家的分裂

般度五子在森林里藏匿了一段时间后,他们之间的关系变得极不稳定,根本原因当然是他们五个人娶了同一个女人为妻。随着情况越变越糟,奎师那建议他们返回象城寻找解决的方法。奎师那是宇宙守护者毗湿奴的化身,肩负着维持平衡的责任。此时的兄弟们仍然相互信任,彼此忠诚,所以他们一起返回了象城。持国想通过划分国土来平息干戈,但又不愿对般度五子公平,于是只将一些丛林、沙漠分给了他们。般度五子并没有奋起反抗,而是欣然接受了。他们成立了坎达夫拉萨王国,由坚战统治,因其贤明之治,国力日渐强盛。

阿周那和奎师那二人是很好的朋友,他们一直善待一位四处游荡的婆罗门弟子,但他们都没想到这个弟子竟是火神阿耆尼。阿耆

下图:难敌煽风点火,怂恿杜沙萨纳(Dushasana)脱掉黑公主的衣服,他还示意黑公主坐在自己的大腿上。怖军因此怒火中烧,发誓日后要碾碎难敌的双腿,以洗刷今日之屈辱。后来当他们的战斗进入尾声时,怖军确实履行了自己的誓言。

尼原本打算烧毁附近的森林，却被因陀罗阻挠了，因陀罗降下甘霖，扑灭了大火。阿周那说他可以用伐楼那的强弓射出密集的箭挡住雨水，阿耆尼听了后非常高兴，借助大火逃生的阿修罗摩耶也非常感激他们。一场大火之后，般度五子原本贫瘠的土地变成了富饶之邦，随后他们建都天帝城，其繁荣程度远超象城，这让难敌心生嫉妒。而在一次尴尬的拜访之旅后，难敌终于又按捺不住谋划推翻坚战的政权。

在叔叔沙恭尼的建议下，难敌邀坚战玩掷骰游戏，但坚战并不精于此道，兄弟们也建议他放弃，可奎师那却提出不妨让双方一试。一开始，坚战气势汹汹，但惨败而归，不仅输了国家，还输了兄弟和妻子。难敌的兄弟杜沙萨纳准备扒掉黑公主的衣服，而她的丈夫们因为输掉了掷骰游戏并不敢反抗，瞎眼的持国对儿子的荒淫无道也默不作声。怖军发誓，他将来要用杜沙萨纳的鲜血来洗刷今日这场屈辱，但这并没有震慑到对方。

黑公主向奎师那求救，奎师那便给她穿上了永远也脱不完的衣服，所以到最后黑公主依然并非裸体。与此同时，她给持国下了非常恶毒的诅咒。持国感到有些害怕，便下令归还掷骰游戏中的所有赌资。但他并不是被怖军的复仇宣言吓倒了，而只是希望尽快结束这个毁灭性的局面。不走运的是，他的儿子难敌还是想再赌一把自己的运气，他与坚战再次开赌，赌注为12年的流放，结束之后还要过一年隐姓埋名的生活，不能被人认出来。更过分的是，如果其间被人发现了，就必须再过一次这13年的生活。坚战这次又输了。难敌得意洋洋，自以为永远摆脱了般度五子，殊不知早已为自己后来的倒台种下祸根。

黑公主向奎师那求救，奎师那便给她穿上了永远也脱不完的衣服，所以到最后黑公主依然并非裸体。

流放苦旅

般度五子被流放，随行者人山人海。其实只要般度五子首肯，他们是完全有能力反攻难敌的。怖军提议夺回俱卢国，坚战完全没

迦尔纳

迦尔纳时运不济，从来不曾得到命运的怜悯。他是贡蒂的私生子，没有资格继承皇室遗产，同母异父的兄弟们也因为他身份低贱而从来不曾善待他。为此他加入了敌方的阵营，表现得十分出色，且赢得了无数荣誉。迦尔纳从中吸取了许多经验，但并没有因此就走出困境。

由于个人的过往经历，持斧罗摩（Parashurama）对所有的战士都存有一种非常不理智的厌恶。虽然他很后悔对迦尔纳下了诅咒，但已经无法挽回了。他为迦尔纳准备了一件神兵利器做礼物，承诺会帮他赢得不朽之名，但还是无法扭转他必将死亡的命运。

眼见一头奶牛冲向自己，迦尔纳果断拉弓射箭。一位婆罗门弟子认为迦尔纳是在对一只无助的动物下狠手，为此对他施以诅咒，要他也在无依无靠之际命丧黄泉。而关于迦尔纳死亡的细节又是另一个故事了。据说有个小姑娘不小心把自己的酥油洒到了地上，迦尔纳想帮帮她，但小姑娘不愿意要替代品，迦尔纳便用自己的神力把酥油中的尘土清理干净了。为此，大地女神昔弥感受到了疼痛，便对迦尔纳施了诅咒。后来，迦尔纳在战争中陷入了孤立无援之境，紧接着诅咒便应验了。

上图：迦尔纳被俱卢族尊为上宾，乃皇室的一员。

有放在心上。黑公主怨声载道，认为自身持正不阿却受尽折磨，坚战仍然无动于衷。坚战要兄弟们遵守达摩之道，否则就只能走向毁灭。尽管沙恭尼在掷骰游戏中耍了手段，但坚战必须遵守承诺，输了就要接受流放。他相信达摩终将显现，难敌一定会自作自受，自食恶果。然而，虽然坚战一定会完成约定期限的流亡，但他也一早就打定主意，只要获得达摩的指示，他一定会报复难敌。备战开始了，阿周那搜罗湿婆赠予自己的神兵利器，还向父亲因陀罗学习使用方法。与此同时，难敌带领俱卢国迎战，但并非百战百胜。难敌被俘，又为般度五子所救，这让他陷入了异常尴尬的境地。从道义上讲，难敌认为自己需要报恩。他向阿周那许下承诺，只要是他提的要求，自己都会答应。两派交战期间，难敌一直信守承诺。与此同时，难敌又认为自己深受屈辱，想要了结自己的生命。

俱卢族也为战斗做了准备。迦尔纳与难敌成了好朋友，一直对他忠心耿耿。圣人持斧罗摩一直瞧不起战士，迦尔纳便乔装打扮混进了持斧罗摩的阵营。他谦逊有礼，勤勤恳恳，还从持斧罗摩那里得到了有关终极武器的秘密，给持斧罗摩留下了深刻的印象。然而，迦尔纳的英勇和寡欲同时也暴露了他战士的身份。为此，持斧罗摩诅咒迦尔纳，一旦他觊觎终极武器，便会忘记秘诀，一命呜呼。

迦尔纳拥有神族血统，出生之时身披金色铠甲。当乔装成婆罗门弟子的因陀罗偶遇迦尔纳时，他要求迦尔纳交出天赐神甲。因迦尔纳曾发誓永远不会拒绝婆罗门的要求，便只能照做了。作为回赠，因陀罗给了迦尔纳一件可斩杀万物的兵器，但这兵器只能用一次。

到了第13年，按照约定，般度五子已经结束流放之旅，只需过完这一年隐姓埋名的生活便可以了。他们乔装打扮，来到了毗罗陀王（King Virata）的宫殿，然而这里的一位将军爱上了黑公主。他用尽各种办法引诱或强迫黑公主，最后甚至直接威胁，眼看就要得手了，结果发现眼前的人根本不是黑公主，而是怖军伪装的。结果是，怖军杀了将军，危机解除了。

毗罗陀王眼下还面临着一个更严重的问题——侵略，来犯者不是别人，正是难敌。黑公主一直煽动毗罗陀王对难敌开战，她甚至推荐阿周那担任毗罗陀王儿子的战车驭手。虽然此举破坏了阿周那的伪装，但他依然同意了参战，且赢得了胜利。难敌以此为借口拒绝归还般度五子国土，还说过去的12年他们一直没有真正地过流放的生活。难敌和阿周那同时向奎师那寻求帮助，奎师那让阿周那从他和他的军队之间选一个留下。阿周那选择了奎师那，难敌则得到了奎师那的军队。

迦尔纳拥有神族血统，出生之时身披金色铠甲。

上图:奎师那与阿周那在逆境中相识并成为好友,所以奎师那自然愿意在俱卢之野大战中向阿周那伸出援手。然而现在,阿周那被迫要在奎师那和奎师那的军队之间做出抉择。

两方都不愿交战。坚战断然拒绝了面见持国的来使,他认为持国没有顾及自己作为君主的职责。统治者与战士们要遵循的达摩是战斗,而不是像婆罗门一样不惜一切代价地去寻求和平。与此同时,奎师那亲自前往拜会难敌,商讨和平之法,可难敌根本不予理会,还下令将其囚禁。就在侍卫抓捕奎师那之时,奎师那使出神力,湿婆和梵天一起显现,就连双目失明的持国都感受到了他恢宏的气势。

奎师那跟迦尔纳详细说了他的身世,还敦促这个般度家族的长子回归原生家庭。可迦尔纳坚定地选择了他明知道会失败的这一方,理由是他曾被母亲遗弃、被家庭拒绝,反倒是俱卢族对自己关怀备至,所以他选择为俱卢族而战,和他们一同死去。

这下战争是不可避免的了。持国下令让毗湿摩担任将军。毗湿摩很怜悯般度五子,可达摩已决定他将为君主而战的命运,所以他同意了,但前提是迦尔纳不能出战。迦尔纳也同意了,除非毗湿摩倒下，否则他不会投入战斗。

《薄伽梵歌》

般度五子与俱卢族集结军队准备开战，般度五子有11支队伍，俱卢族有7支队伍，总共18支队伍的兵力。《摩诃婆罗多》共有18部分册，但并非都以这场冲突为主题。"18"这个数字的反复出现暗示了这个故事传达出的伟大精神意义。《摩诃婆罗多》不只是一个故事，更是判断行为是否具有价值，以及记录各种行为会产生的因果报应的一系列典范。《摩诃婆罗多》中所有的内容都不容忽视，但最重要的还是《薄伽梵歌》。借阿周那与奎师那之间的对话，《薄伽梵歌》阐释了许多概念，包括宇宙达摩与社会生活强加给个人的责任之间的冲突，它引导世人如何在世俗欲望的苦海中过上美

下图：华严寺（Sri Sri Radha Parthasarathi Mandir），又名奎师那神庙（ISKCON Temple），位于印度新德里。寺庙采用动画和现代显示屏展示了多部宗教巨著，以及众多流传千古、令人印象深刻的古籍。

好且有价值的生活。因此,《薄伽梵歌》也被奉为"行动指南",用于指引凡人寻找平衡宗教的崇高信念与日常生活中的复杂决定之间的中庸之道。

军队已经集结,战斗即将打响,阿周那将战车置于般度五子全军的最前方。然而,此时的他对即将到来的战斗有些犹疑不定。阿周那陷入沉思,那边曾是自己的好友与同伴,对于战斗,他们大多是不得已而为之,这场战斗能带来任何好处吗?解甲归田难道不比这更好吗?奎师那是阿周那的战车驭手,也是毗湿奴的化身,掌管着宇宙的运行方式。奎师那告诉阿周那,放弃战斗是行不通的选择。首先,如果他杀了某个人,这算不上摧毁,只是加速了死亡与重生的轮回而已,况且那些行善得道的人从来都不惧死亡;其次,阿周那作为战士,战斗是他的天职,拒绝战斗就是否认自己的本

下图:阿周那接受奎师那的建议,让他成为自己的战车驭手,这并非小事。为此,他们举行了隆重的仪式,代表阿周那认可奎师那成为他的精神领袖,如同奎师那愿意为他征战沙场。

分，这是有罪的。

如果阿周那是出于类似仇恨这种贪婪或黑暗的欲望去参加战斗的，那么他的行为确实是卑劣且可恶的。但阿周那参战完全只是因为他不得不战，与他个人是否得利毫不相干。阿周那作为战士为自己的君主坚战而战斗，这是他的职责所在，是合情合理的，不会招致因果报应。相反，如果他丢盔弃甲，落荒而逃，那才是原罪。

《薄伽梵歌》成书之际恰逢佛教与耆那教日趋鼎盛，它因此成为驳斥禁欲主义是通往正义之途这种观点的依据。这一点是非常值得关注的。整个社会之所以能变得更美好，是因为有了那些尽职尽责、努力扮演好自己角色的人，而不是那些弃一切于不顾、在荒蛮中寻觅正义的人。可以说，逃离社会这种行为之所以可能会被贴上自私自利的标签，是因为它剥夺了邻里好友向这个人寻求帮助的权力。但如果天命如此，那便是绝对正确的。与此同时，也有些人非常希望自己能够为了所有人的利益，承担应该承担的责任。

战士服从天命征战沙场，保护万民不受迫害，从而得以践行自己的职责。因此，达摩的理念不仅有助于社会为其子民的利益而保持运作，而且能让正确坚守个人职责的战士成为榜样，促进他人履行本职（或者至少可以保护子民不受欺凌），最重要的是，也为他人能够做好工作提供了条件、营造了环境。所以，当下战士要履行的本职就是完成眼下的战斗。

开战

奎师那让战车驭手全胜将自己的话传达给持国。全胜有天赐神眼，可以洞穿战场上的一切形势。奎师那为般度五子站队，得到了众人的拥护。有了奎师那的支持，持国的军队势必大败。但尽管如此，般度五子还是决定履行天职，奔赴战场。

海螺响，战鼓鸣，号角声声起，战斗正式拉开帷幕。毗湿摩带领俱卢族军队进攻般度五子。将士们锐不可当，杀敌勇猛。有趣的

> 战士服从天命在沙场奋战，保护万民不受欺凌，从而得以践行自己的职责。

对页图：创大业之际，若能吹响海螺壳就代表吉利之兆。海螺壳的声音与音节奥姆（Aum）有关，据说可以驱走可能会招致霉运的恶灵。

下图：俱卢之野大战牵连甚广，用兵过百万，战象数量亦是相当庞大。《摩诃婆罗多》着重记载了建立丰功伟绩的大人物，普通士兵的故事则多数成了后世传说的素材。

是，般阇罗国木柱王对战的是信德王（King Sind），而不是自己曾经的好友、现在的死对头德罗纳。也许他认为德罗纳不配当自己的对手，不值得一战，所以德罗纳的对手变成了木柱王的儿子猛光。沙利耶王（King Shalya）和坚战展开了激战，他既是坚战父亲般度的姐夫，也是他旧时的好友。他们的友谊开始于般度王曾在战场上遇到过沙利耶的军队，沙利耶给了般度两个选择，要么与自己为敌，要么迎娶自己美若天仙的妹妹玛德丽。般度选择了后者，也得到了沙利耶的忠诚。所以沙利耶一开始毫不犹豫地加入了般度族的阵营，但后来却被难敌的诡计欺骗了。

难敌曾假以坚战之名摆下宴席做诱饵，以期在中途拦截沙利耶的军队。骗局被拆穿后，难敌仍要沙利耶臣服于自己，还强迫沙利耶帮助自己击垮般度五子。事实上，早在战斗开始之前，坚战和沙利耶已经碰过面了。沙利耶为自己被骗而深感歉意，给予了坚战祝福和赏赐。坚战告诉沙利耶，如果有一天沙利耶能成为他的战车驭手，他一定会重挫迦尔纳的士气。

俗语云，擒贼先擒王，般度五子打算先抓毗湿摩，但出师不利。俱卢族由难敌带领做后卫，毗湿摩正面迎击，结果是他们艰难地取得了第一天的胜利。般度五子损失惨重，将士们深知无论如何第二天都要扭转局势。

阿周那知道毗湿摩是敌军的首领，便请求奎师那驾驶自己的战车去偷袭毗湿摩，双方展开了一番激烈的打斗。与此同时，猛光再次向德罗纳开战，德罗纳使出了当年帮助猛光父亲木柱王的绝技，于是猛光大败。然而，怖军勇猛无比，击退了所有来犯者，这在俱卢族的阵营中引发了轩然大波。毗湿摩试图让大家安静下来，可就在此时，他得知自己的战车被毁，便转身离去了。

战事升级

第二天的战斗进入尾声之际，般度五子已经扭转了战局，俱卢族徘徊在战败边缘。第三天，毗湿摩带领军队，列鹰形阵发起反攻，般度五子则按新月形排兵迎击。两军相遇，激烈交战，直到正午时分仍不分胜负。般度五子一方，怖军带领一小队士兵从后方包抄，撞向了正在鹰形阵后方指挥的难敌身上。难敌不幸负伤，战车驭手立即赶来将他带离战场。眼见自己的首领撤离战场，整个军队陷入恐慌，毗湿摩快速集结军队，重整旗鼓。很快，难敌又返回了战场，他认为毗湿摩过于保护士兵，便命他采取激进一些的行动。

随着各种神兵利器相继投入战斗，战况进一步升级。阿周那发现敌军协同作战攻击自己，便将战车化作碉堡，从中射出成千上万支利箭；毗湿摩则催动神力给般度五子的军队造成了大量伤亡。就在此时，奎师那命阿周那驾驶战车冲向毗湿摩。双方射出的不计其数的利箭铺天盖地而来，阿周那迅速拿起伐楼那赠予他的甘狄罗神弓，射出的神箭将毗湿摩的弓截成了两半。

毗湿摩又随手抓起一把弓，但立刻又被阿周那毁了。毗湿摩恼羞成怒，朝阿周那射出密密麻麻的箭矢。奎师那灵活躲闪，得以虎

对页图：阿周那与毗湿摩曾展开精彩决斗，但并未对那一天双方战斗的进程起到决定性作用。毗湿摩是俱卢族军队制胜的关键，若他丧命，俱卢族再无翻身的机会。

印度神话

口逃生，而阿周那虽然身中多箭，却没有逃跑，反而对俱卢族的大军发起了大屠杀。夜幕降临时，般度五子再次占得上风。

在第四天的战斗中，怖军领兵攻打俱卢族军队，难敌则派出了战象大军。怖军跳下战车，将他们一一摧毁，败军慌乱逃回营地。难敌迫不及待地想要斩下怖军的头颅，便命人突袭，结果是俱卢族的八个兄弟战死沙场，怖军中箭负伤。

这天晚上，难敌为自己死去的兄弟哀悼，还把毗湿摩叫来，要他解释为什么般度五子会突出重围。毗湿摩说般度五子是正义之师，再打下去，胜利也终将属于他们。他还建议难敌与般度五子停战并重归于好，可难敌一口拒绝了。战事持续到第五天，两军还在

对页图：怖军强悍无比，面对眼前的战象大军没有丝毫畏惧。换做其他人可能会利用战车寻求躲避，可怖军反而跳下战车，一举将其歼灭。

下图：战车和强弓向来都是传说故事中浓墨重彩的一笔，或为英雄所用，或为恶魔所使。

印度神话

165

厮杀。毗湿摩再次重挫般度五子的军队，阿周那给了俱卢族一记重击，怖军和毗湿摩两人在决斗中一直难分胜负。

战斗进行到第六天，两军都已到了崩溃的边缘。这时，德罗纳发起突袭，给般度五子的军队造成了大量伤亡。怖军立即反攻，以其人之道还治其人之身。他单刀赴会，在个人决斗中打败了难敌，但难敌最后还是被救走了。第六天的战斗进入尾声，般度五子再次夺得先机，但战局在第七天又发生了逆转。

为了重获战机，怖军在第八天再次发起进攻。他斩杀了俱卢族的17个兄弟，难敌的叔叔沙恭尼也折损了五位兄弟。他们全都丧命于伊拉万（Iravan）之手。伊拉万是阿周那与他的第二个妻子乌鲁维（Uluvi）的儿子，乌鲁维本是娜迦族公主，与阿周那相识之际正逢他被流放。难敌认为伊拉万将成为祸害，便派罗刹阿兰布沙（Alambusha）前去迎敌，结果阿兰布沙一命呜呼。俱卢族再次陷入巨大的危机之中。

毗湿摩战败

毗湿摩是俱卢族的领军大将，有鼓舞将士之才能，也有万夫莫敌之勇猛。般度一直对阿周那寄予厚望，希望他可以杀死毗湿摩，但阿周那一直不肯出手。阿周那不愿与自己的家族为敌，更何况两军交战之前毗湿摩一直善待般度五子。奎师那无法劝服阿周那履行职责，便亲自上阵，他抡起战车的轮子直接砸向毗湿摩，一心想将他砸得粉碎。

毗湿摩停止了反抗，表示屈服于自己的命运，愿意死于奎师那之手，但阿周那出面救了他。阿周那将自己的武器扔到奎师那面前，并提醒他曾经许下的不动武的诺言。阿周那不愿眼睁睁地看着奎师那因违背誓言而受到惩罚，便承诺会尽己所能斩杀毗湿摩，但并没有立即行动。阿周那和奎师那回到战车上，战斗继续。如何才能杀死所向披靡的毗湿摩，般度五子展开了一场唇枪舌剑的辩论。

战斗进行到第六天，两军都已到了崩溃的边缘。这时，德罗纳发起突袭，给般度五子的军队造成了大量伤亡。

有传说记载，奎师那曾建议派一位宦官对付毗湿摩；也有其他版本记载，是坚战从毗湿摩本人那里询问了杀他之法，遂了毗湿摩的愿。这些都无关紧要，因为毗湿摩最后死于什坎迪（Shikhandi）之手。什坎迪是因曾被毗湿摩掳走而遭爱人抛弃的公主安巴的化身，安巴曾诅咒毗湿摩将死于她手。

除了自己的诅咒，安巴心无旁骛。她一直向湿婆忏悔，直至湿婆同意赐予她一项恩典，也就是斩杀毗湿摩。湿婆告诉安巴，她会重生为一个女人，但后来会变成男人。得知此事后，为了加速重生，安巴立即投身于圣火。没过多久，安巴重生为木柱王的女儿什坎迪，她从小就像男孩子一样生活和习武。后来，她遇到了一个喜欢恶作剧的夜叉，夜叉把她变成了男人。借助男儿之身，什坎迪加入了般度五子的军队，伺机找毗湿摩报仇。

上图：在战斗开始之前，阿周那向奎师那袒露了内心的疑惑，奎师那的回复记录在《薄伽梵歌》中。这本书为人们在纷繁复杂的世界里遵守道德、履行职责指明了方向。如果没有这段插曲，阿周那很有可能不会参战。

印度神话　　　　　　　　　　　　　　　　　　　167

阿周那攻击毗湿摩时，什坎迪就站在毗湿摩面前的战车里。毗湿摩曾求得恩赐，能够自行决定何时死亡。而当他见到什坎迪时，他知道自己的末日已经到来。毗湿摩知道什坎迪是安巴的化身，根本无意伤害她，就这样放弃了抵抗，被阿周那的利箭射伤了多处，后又被般度五子围攻。

毗湿摩身中数箭，从战车上坠落。因身上中了太多箭，他根本无法落到地上。战斗进行到第10天，两军达成休战协议，同意尊毗湿摩为伟人，要他传道于人。交战期间，毗湿摩一直活着，直至战争结束，国家彻底转危为安。那时的毗湿摩已经完成重任，终于可以了无牵挂地死去。

下图：毗湿摩身中多箭倒地，但并没有直接死去。后来，他活了很久，见证了国家太平，传大智于后世。

168

印度神话

德罗纳欲生擒坚战

战斗持续到第11天,迦尔纳赢得了战场上的主动权。他曾许诺不会参战,除非毗湿摩倒下,现在这个誓言已破。迦尔纳计划先擒坚战做人质,但这并非易事。他先用调虎离山之计引开阿周那,方便德罗纳行事,可诡计一下就败露了,阿周那重新杀回战场救下了坚战。德罗纳意识到,只有让阿周那无暇顾及坚战,自己才能有可乘之机。

战斗进行到第12天,三穴国的苏沙玛王(King Susharma)试图转移阿周那的注意力。苏沙玛与阿周那结怨已久,他挥师百万,誓言要尽全力斩杀阿周那。但阿周那凶悍无比,中午时就已经打败了三穴国的大军,随后又加入了另一场战斗,与东光国福授王对战。

上图:福授王(King Bhagadatta)与般度五子长期不和,自然不想错过打击他们的机会。他从坐骑战象妙颜(Supratika)背上一跃而起,向阿周那发起进攻,若不是奎师那加以阻拦,阿周那早就没命了。

印度神话

福授王的实力不容小觑。他是因陀罗的朋友，统领整个战象大军。他和苏沙玛王一样，与般度五子特别是阿周那有枕干之雠。阿周那加入战斗之前，怖军从福授王的战象大军中侥幸逃脱了，阿周那后来也差点被福授王抛出的训象棒打伤。这件兵器曾被毗湿奴赐予强大的摧毁力，所以若是没有懂得如何操控的奎师那的阻拦，福授王也许早就杀了阿周那。后来，奎师那把训象棒变成了花冠，当作祭品使用。

福授王实在是太老了，他不得不用手帕将眼睑系好，以防它下落挡住视线。阿周那放箭，将手帕射落在地，福授王眼前顿时一片漆黑；阿周那又射出第二支箭，直插老国王胸口。这一天的剩余时间中，阿周那只一心一意地关注着战况的变化，没有参与战斗。而就算如此，俱卢族到这一天结束也没抓住坚战，反而离目标越来越远。

美轮盘

第13天，国王苏沙玛下令，三穴国军队只围攻阿周那一人，使之无暇分身。虽然他们失败了，但对于俱卢族来说，没了阿周那和奎师那参与的主战场，战斗轻松了许多。况且，只有阿周那和奎师那知晓他们所布之阵破解的方法。

俱卢族所布之阵名为美轮盘（the Chakra Vyuha），范围广、极具迷惑性，且作战阵列结构复杂。百万雄师按同心环排布，制造出一个近乎封闭的迷宫。唯一的制胜之道就是以中心为突破口，可但凡进入此阵的将士几乎都难逃被吞噬和毁灭的命运，而只有知晓美轮盘奥秘的人才能进入中心位置。

激昂（Abhimanyu）是阿周那的儿子，很小的时候就学习过兵法。阿周那曾教过他如何进入美轮盘，但他只知进入之法却不晓出阵之路。眼下奎师那和阿周那都不在身边，只有激昂有机会破解此阵，他便率一小队士兵进入了迷阵。

般度众将士一路护卫，激昂领兵进入美轮盘，差点就与胜车王

> 福授王实在是太老了，他不得不用手帕将眼睑系好，以防它下落挡住视线。

> 对页图：激昂是当时唯一知道如何进入复杂的美轮盘阵的人，但他并不知道出路。双方搏斗中，激昂损失了武器和战车，最后死于敌军之手。令人感到可悲的是，迦尔纳也在敌军之中。

（King Jayadratha）正面对上。和其他几位一样，胜车王对般度五子也是怀恨在心已久。般度五子流放期间，胜车王曾偶遇黑公主，想将她据为己有。怖军本来要杀了他，但坚战求情，只羞辱了他一番以示惩罚。后来，胜车王向湿婆求得恩赐，希望能够杀死般度五子，但被湿婆回绝了，取而代之的是赐予他抗衡般度五子（在这天的战斗中，阿周那被排除在外）的力量。

由于美轮盘的加持，胜车王甚至能打败怖军，牵制住整个般度军队的兵力。与此同时，激昂对俱卢族展开大屠杀，打败了迦尔纳、德罗纳，还有后者的儿子马嘶。激昂在战斗中损失了自己的战车、武器还有战甲，他又随手拾起一根狼牙棒继续奋战，直至被敌军杀死。阿周那得知儿子的死讯后，发誓要斩杀胜车王，用他的头颅献祭圣火。

阿周那发起猛攻

得知阿周那的可怕誓言后，俱卢族认为，只要让胜车王一直活着，他们就可以找机会反过来杀了阿周那。因此第14天时，趁着晨

下图：战斗进入到最后阶段，迦尔纳成功地证明了自己的价值。虽然根本没人能够抵挡得住奎师那和阿周那的进攻，但迦尔纳仍在决斗中捍卫了自己的尊严。在他的带领下，俱卢族将等待着他们命运的复苏。

左图：德罗纳虽然十分凶残暴戾，但当他误以为自己的儿子已经战死沙场时，他便放弃了抵抗，转而坐地冥想，直至被杀。那时，他的儿子马嘶其实正在屠杀整个般度一族为父报仇。

光，俱卢族转而采用拖延战术。德罗纳先向阿周那发起挑战，然后又突然撤离加入马嘶、迦尔纳和难敌的队伍，他们合力阻止阿周那接近胜车王。

眼看俱卢族就要夺得胜利，奎师那施法将太阳遮了起来，让俱卢族误以为白昼已经结束。他们认为自己的任务已经完成，便开始撤退，等着旁观阿周那自戕。突然间，太阳又重放光芒，阿周那趁此机会射下了胜车王的头颅，给了他致命一击。见状，难敌勃然大怒，下令继续战斗，直至深夜。整个战场陷入一片混乱，在伸手不见五指的黑暗中，同一阵营的士兵们有的互相残杀，有的战斗到精疲力竭，在睡梦中被屠戮。

诸多名将在混战中被杀，包括怖军与罗刹希丁妣的儿子加托卡查。加托卡查一直对父亲忠心耿耿，他摧毁了俱卢族的兵力，逼得难敌束手无策。他还迫使迦尔纳使出了名为"顺从死亡"的长枪，这件兵器可斩杀万物，但只能用一次。原本迦尔纳一心想将长枪留到杀阿周那时用，但眼下已是无路可选，只能用来杀了加托卡查。加托卡查的死换来了短暂的休战，但很快战斗又打响了，且一直持续到深夜。

第15天，天刚蒙蒙亮，德罗纳已在般度大军中制造了混乱，一时硝烟弥漫。阿周那将毗罗陀和木柱王都派了出去，也未能杀掉德罗纳。坚战一时不敌对方的小队首领，便设下了一个圈套。

坚战让怖军去斩杀一头大象，这头大象和德罗纳的儿子马嘶同名，他还命人一定要把马嘶已死的消息传到德罗纳的耳朵里。德罗纳不敢相信这个消息，他要求坚战前来证实这个消息。坚战品性诚实，一直为众人称颂，他向德罗纳证实了马嘶的死讯。向敌军散布这种"真实"却又极具误导性的消息确实是一记高招，远胜过战场上真刀真枪的比拼，而坚战显然十分擅长此种战略。毫无疑问，计谋生效了。德罗纳扔掉了武器，转而坐地冥想，他希望立刻死去。木柱王的儿子猛光给了德罗纳的身体致命一击，但其实他的灵魂早已离去。

第15天，天刚蒙蒙亮，德罗纳已在般度大军中制造了混乱，一时硝烟弥漫。

上图：根据故事记载，阿周那与迦尔纳分别驾驭非常奇特的战车进行打斗。印度战车更朴素、实用，据说大约在公元前2000年就已经投入使用。

真正的马嘶意图用毗湿奴赐予的那罗延法宝为父报仇，有了这件神器，他可以消灭所有般度大军。多亏了奎师那，般度五子才躲过一劫。奎师那是毗湿奴的化身，他很清楚这件兵器威力不可抵挡；但如果扔掉所有的武器，向那罗延法宝示弱，就可逃过一劫，士兵们也可以躲过那罗延法宝射出的致命袭击之雨。

迦尔纳挂帅

迦尔纳曾放弃自己与生俱来的王权，拒绝加入般度五子的阵营。终于，在战斗进行到第16天的时候，他接掌了俱卢族大军的指挥权。不出所料，他任命仙庭（Shayla）担任自己的战车驭手。但仙庭从一开始就不断地打击迦尔纳的信心，他不断地强调敌军的兵力有多么雄厚，以及坦言我军必将失败。

尽管如此，迦尔纳还是向般度大军发起了猛烈的进攻，势如破竹。他与阿周那约定进行射箭技艺的决斗，但到头来谁都没捞到好处。因为迦尔纳的射箭技艺与阿周那旗鼓相当，而仙庭又有着与奎

印度神话　　　　　　　　　　　　　　　　　　　　　　　　　　175

上图:迦尔纳之死源于他背负的三重诅咒。因战车车轮被卡,他如诅咒所言陷入了束手无策的危境。又因迦尔纳对同样身处危境的激昂毫无怜悯之心,阿周那心生恨意,当场将屠刀挥向了他。

师那相媲美的战车驾驭技术。与此同时,怖军履行了当初杜沙萨纳羞辱黑公主时自己立下的誓言,他挥起狼牙棒将杜沙萨纳的战车砸了个粉碎,又将杜沙萨纳撕成两半,饮下他的血,以示自己没有食言。

般度五子渐渐不堪重负。坚战与兄弟无种和偕天都成了迦尔纳的手下败将,但迦尔纳并没有为难他们。坚战返回帐篷包扎伤口时,阿周那前来看望他。他们曾经差点打起来,因为坚战嘲讽阿周那从迦尔纳手下侥幸逃生,冒犯了阿周那,最后还是奎师那从中调停,让他们重归于好。见坚战无碍,阿周那返回战场与迦尔纳对峙,二人均是驾战车、射利箭,不分上下。

决斗过程中,迦尔纳的诅咒开始一一显现。他因曾经清除污垢伤害到了大地女神而遭诅咒,此刻他的战车卡在大地里动弹不得。面对这种孤立无援的处境,迦尔纳恳求阿周那让自己重做准备,重新决斗。但奎师那提醒阿周那，迦尔纳曾对他处于相同危境中的儿子激昂毫无怜悯之心，阿周那一怒之下便把迦尔纳杀了。般度五子认为他们同母异父的兄弟的死值得敬仰，随即为他举办了隆重的葬礼。

决斗过程中，迦尔纳的诅咒开始一一显现……面对这种孤立无援的处境，迦尔纳恳求阿周那让自己重做准备，重新决斗。

决战

战斗进行到第18天，沙利耶接管了俱卢族的军队。虽然他是因被欺骗才为俱卢族效命，但沙利耶还是履行了自己的职责，尝试带领军队夺得最后的胜利。最后，沙利耶被坚战杀死，很多俱卢族的名将也遭到了同样的命运。难敌逃跑了，中途为恢复镇定他想进入冷冽的湖水中，却被般度五子撞见了，怖军要与他一决生死。尽管知道自己的对手所向披靡，难敌还是选择了正面迎战。

怖军确实本领高强，但难敌也有自己的必杀技。决斗规定不得攻击对方腿部，而难敌因为曾经得到恩赐，除腿部以外的躯体都有刀枪不入之功。奎师那再次出面干预，他让怖军犯规将难敌的下肢打得血肉模糊，任由难敌等死。难敌在死之前，派出了仅剩的几位忠志之士为自己复仇。当晚，他们确实成功地潜入了般度的军营，但错把他人认成了般度五子。最终，就在般度五子一方因打了胜仗而准备小憩之际，猛光和什坎迪等人悲惨地被错杀了。

战后

这场战争的幸存者寥寥无几，般度五子得以幸存。当得知死亡人数接近六百万时，坚战大惊失色，但作为王子，他必须扛起王位的重担。放眼未来，他看到了一个暴戾残酷的时代。怖军告诉坚战，他的使命就是阻止这种情况发生，或者至少维持短暂的和平。

奎师那透露，这场战争受到了神明的制裁，一切都将如期而至。此时，毗湿摩仍然活着。在接下来的几周内，他提供了很多建

上图：这幅图是10世纪柬埔寨的砂岩浮雕，描绘了怖军大败难敌的场景。

议，写下了《摩诃婆罗多》中的两部分册。在确定王国已经迎来了和平之后，毗湿摩自裁而亡。

坚战在象城加冕为王，统治了36年后，他和兄弟及妻子动身前往喜马拉雅山脉，并留下阿周那的孙子环住继承王位。黑公主和其中四位王子在途中不幸殒命，只有坚战到达了目的地。坚战面临着有关忠实和虔诚的考验，他说没有那只自己偶遇的忠犬陪伴，他就拒绝进入天堂。就这样，他通过了考验，但在天堂里，他发现了自己的敌人正在开心地玩乐，随即想到自己的兄弟还挣扎在炼狱之中。坚战现在有两个选择：一是下地狱与自己的兄弟共患难，二是和敌人一起在天堂享乐。他毫不犹豫地选择忠于自己的家族，就这样顺利地通过了最后的考验。最终，般度五子的善行得到了回报，他们得以进天堂享受短暂的欢乐，但最终还是会进入轮回，直到获得解脱。

下图：般度五子重掌王权后，只维持了36年的统治。后来，他们动身前往深山，寻求登天之道，将尘世的劫难抛诸脑后。

第五章
《往世书》

《往世书》是一部百科全书,集宇宙学、神明学、历史,甚至祭祀、拜神仪式等内容于一体,记载了印度几百年来的发展进程。虽然其成书时间要比《吠陀经》晚很多,但内容可追溯到早期吠陀时代甚至更早。

第一部《往世书》创作期间,印度正盛行伊斯兰教。过往几百年里,阿拉伯商人在印度港口备受欢迎。6世纪左右,阿拉伯人为印度带来了新的宗教文化,因为那时伊斯兰教文化与西方世界的关系并不融洽;7世纪,倭马亚王朝入侵北印度,即现在的巴基斯坦,引发了局部冲突;9世纪,此地又被伽色尼王朝侵犯;随后,伊斯兰德里苏丹国征服了大半个印度,其统治从1206年一直延续到1526年,直到他们被莫卧儿帝国征服。

其间,当今世界所称的印度教文化早已广泛传播至印度以外的

对页图:即使驼背的库巴阇(Kubja)知道她的老师是一位残暴无道的君王,她还是冒着风险将专门为老师做的油料送给了奎师那。为了回礼,奎师那便治好了她的驼背。

上图：《薄伽梵往世书》于10世纪左右在南印度成书，图片所示复制品可追溯至17世纪，描绘了奎师那的生活事迹。

地方，且在东南亚尤为盛行。这些地区的宗教文学作品包含不同版本的印度神话，也受到了不同的地域文化的影响。

《大往世书》与《小往世书》

《往世书》的确切数量和来源目前仍有待商榷。人们普遍认为，《往世书》可大致分为18部《大往世书》（*Mahapurana*）和18部《小往世书》（*Upapurana*），但每个系列下还有许多备选作品，且每部选定作品的性质也可能大相径庭。因此，任何宗教团体都能从这些备选的书籍中挑选出最合适的以组成所谓的《大往世书》和《小往世书》。

18部《大往世书》可分为三组，各代表三相神中的一位，其中共有六部《毗湿奴往世书》，又称《勇健力往世书》（*The Satvic Purana*）；六部《湿婆往世书》，又称《暗钝往世书》（*The Tamasic Purana*）；以及六部《梵天往世书》（*The Bramha Purana*），又称

《尘坌往世书》（*The Rajasic Purana*），分别讲述了毗湿奴、湿婆和梵天的故事。每组《大往世书》涉猎的主题都较为广泛，当然也都是在敬仰主神的基础上提及其他神明。

每部《往世书》均包含五项主要内容，分别是世界的毁灭与重生、无限循环的创世故事、神话、早期人类故事，以及重要时代的历史。当然，它们所涵盖的内容远不止这五项，但这也恰恰说明了这五项内容是必不可少的。

最早的《往世书》可能成书于350至750年，大概是《吠陀经》成书2000年以后。最后一部《往世书》可能成书于1500年，当时的印度社会正在经历巨变。值得注意的是，《往世书》所记载的仪式几乎适用于所有人，是一种家庭宗教，而不是一种需要大量公众参与和祭司主持的正式仪式。

《阿耆尼往世书》

《阿耆尼往世书》（*The Agni Purana*）以火神阿耆尼的名字命名。据古籍记载，阿耆尼将这本书交给了仙人瓦西什德（Vasishta），

下图：莲花坐姿是常见的瑜伽姿势之一。画中，圣人正坐于恒河之源阿布山冰川上冥想。

瑜伽

瑜伽是一种身心合一的锻炼方式，但在当今社会中常常被误解。通俗文化认为，瑜伽与各种做作又虚伪的神秘谬说有关，无非是将身体扭曲成各种奇怪的姿势。事实上，瑜伽最开始只是一种呼吸运动，肢体动作少之又少，它主要有益于精神和心理。据古籍《瑜伽经》（*Yoga Sutra*）记载，瑜伽的目的是锤炼内心世界，而非获得（或求得）身体外部的改善。

瑜伽中丰富的肢体动作是后来才发展出来的。经证实，身体和精神两方面的锻炼对人大有裨益，可降低血压，改善身体的灵活性，提高心理健康水平，增强适应能力。总而言之，古籍中对瑜伽的记载都只与人类思想精神状态的改善有关。

上图：《阿耆尼往世书》主要讲述了火神阿耆尼的故事，也涵盖了其他多个主题的内容。这本书历经几百年，经过了多次修订，当中原有的内容很可能早已大变样。

而瓦西什德又将其转交给毗耶娑，委托他为这本书题词。书中最古老的故事可追溯至800年或稍晚一些。与其他《往世书》一样，《阿耆尼往世书》现存手稿的内容也与其他声称援引了其内容的著作有颇多不同之处。换言之，《阿耆尼往世书》在过往几百年中可能经历了相当多内容的修订，又或者存在与之同名的作品也未可知。

该书的主题围绕火神阿耆尼及他对人类的重要作用展开，书中描述了圣火盆的标准构造与正确进行圣火祭祀仪式的相关事项，以及沐浴作为一种虔诚的生活方式的重要性。书中还含有大量关于毗湿奴化身的故事，以及其他主题，范围相当广泛，涉及税收、语法、诗歌及其他语言或非语言的戏剧元素。另外，该书还对《罗摩衍那》《摩诃婆罗多》和印度其他重要古籍文献做了一个汇总，内容丰富多彩却也杂乱无章，很多内容都令人困惑不已。但《往世书》遵循的规则往往是，无论什么信息，都可以放在所有适合叙事的实用主题下，编纂者相信，一旦找到了故事的开始，其后所有内容都将整齐有序地落在恰当的地方。

《薄伽梵往世书》

《薄伽梵往世书》分为12篇，共约1.8万颂，成书时间大概在10世纪。和其他《往世书》一样，《薄伽梵往世书》涉猎主题广泛，但其以记录奎师那的早期故事而闻名。据《薄伽梵往世书》记载，印度种姓制度中的低阶群体并不一定不如高阶群体。如果低阶群体中的个体遵循宗教仪式、行善助人，他们也会比种姓制度中那些罪孽深重、罔顾个人职责的高阶群体更值得人们尊重。行善积德是宗教虔诚或奉献的应有之义。

《未来往世书》

《未来往世书》（The Bhavisya Purana）的主题充满了争议。就其标题而言，这本书确实主要讲预言或预兆，如未来的统治者、后继的历史朝代。但预言其实是该书新增的内容，当中历史久远的资料明显改编自其他古籍。《未来往世书》有多个版本，格式和内容都有明显差异。

该书的前半部分讲述了太阳神苏利耶的故事，后半部分重点讨论了预言，提到了锡克教、基督教和伊斯兰教等其他宗教，以及与各种神明、达摩有关的宗教节日。书中有关太阳神的内容与波斯神话非常相似，它们都将远西的印度奉为拜神的圣地，这说明了波斯与印度之间存在深刻的文化交流。值得一提的是，《未来往世书》中最后章节的题目为"问与答"（Uttarpavan），与其他章节的内容联系不大，主要记载了一些宗教仪式的细节及少量神话。

上图：《薄伽梵往世书》的插图可以追溯到19世纪末，但书中有些内容早在1000前就已完成，而在过去几百年里又经过了多次修改。

《梵卵往世书》

《梵卵往世书》（The Brahma Purana）是整套《往世书》中的第一部，有时也被称为《小往世书》（Adi Purana）。因与《小往世书》同名，也就不免让人产生一些困惑。《梵卵往世书》流传至今的版本已经不是原始内容，因为它基本上与梵天没有任何关系，而很有可能是一部成书于13到16世纪的后期作品。

《梵卵往世书》参考了大量的古代典籍，包括《摩诃婆罗多》和其他《往世书》，主要以描绘各个圣地为主，尤其是戈达瓦里河周边的圣地,堪称朝圣者的"旅行指南"。和其他《往世书》一样,《梵卵往世书》的内容也涉及宇宙学、神话学、历史等领域,还有各种各样的地理和瑜伽知识。

《梵天往世书》

《梵天往世书》(The Brahmanda Purana)有时也被称为《宇宙之卵大梵天》(Vayayiva Brahmanda),所述内容可能是整套《往世书》中最古老的,涉及宇宙之卵孕育宇宙的过程、神话和众神系谱,以及人类王朝的更替和治国理政的方略。所有《往世书》都有一个共同特点,那就是只要凡尘俗事中的某种观点适用于叙述,编纂者就会将其融入神话和史实中。

《梵天往世书》中有一部分文本又被称为《神明罗摩衍那》(Adhyatma-Ramayana),约有4000颂,是精简版的《罗摩衍那》,重点叙述了作为毗湿奴化身而并非人间王子的罗摩的故事。这是后期添加的内容,大概可以追溯到14世纪。整套《往世书》中有六部《往世书》均奉梵天为主神,此书就是其中之一。

《梵转往世书》

《梵转往世书》(The Brahmavaivarta Purana)大约成书于15至16世纪,但书中内容更为久远,最早可追溯至700年,主要讲述了奎师那与妻子拉达的故事。该书认为,所有神明都是奎师那的化身,而所有女神又都源自拉达。与其他《往世书》不同,《梵转往世书》并没有标准的格式,且叙述重点以女神拉达为主,其他《往世书》则很少提到拉达。

下图:拉达(Radha)是一个村子里的挤奶女工,年轻的奎师那当时就躲在这个村子里。拉达无可救药地爱上了奎师那,后来因慈悲和奉献精神成了女神。在《梵转往世书》中,拉达被奉为至高无上的女神。

《梵转往世书》中的创世故事认为，梵是创世者，但也是奎师那的化身，代表着最高现实。与此同时，诸如犍尼萨等其他神明的故事都需以奎师那或拉达作为背景讲述，这对夫妇始终扮演着不可或缺的角色。而重要的女神如娑罗室伐底、杜尔迦、拉克什米等都是拉达的分身，随之而来的观点是，不尊重女性就如同亵渎女神。

《大鹏往世书》

《大鹏往世书》（*The Garuda Purana*）以万鸟之王迦楼罗命名，但书中内容的重点仍是毗湿奴。全文以毗湿奴与迦楼罗的对话为主，由前者阐述主要概念，诸如死亡与重生的本质。书中关于天堂与地狱的观点和基督教有很多相似之处。后世许多学者对此进行了大量的研究，结果发现这有可能是文化交流的结果，也有可能是二者对惩罚和奖励的理念相同所致。因此，《大鹏往世书》也成为当今世界葬礼礼仪的参考依据。

与其他《往世书》类似，《大鹏往世书》的主题也不止一个，它还讲述了行星的意义和人类膜拜行星的方式，也是《罗摩衍那》与《摩诃婆罗多》的精简版本，讲述了奎师那的早期故事，罗列了毗湿奴的化身花名册。其中有一个故事是讲梵天和其他神明询问湿婆在冥想什么，湿婆说他正在冥想一个全能的毗湿奴，而关于这个问题的进一步启示只能从毗湿奴身上得到。据此可得出一个明确的推论，即该书认为毗湿奴是主神，且甚至连湿婆都无法理解他的力量来源。

《龟往世书》

《龟往世书》（*The Kurma Purana*）以毗湿奴的化身之一海龟俱利摩（Kurma）命名。现存诗稿超过6000颂，加上援引自其他作品的内容，原稿诗篇应该超过一万颂，部分内容可追溯到8世纪。和其他《往世书》一样，《龟往世书》自成书以来就被反复修改多

> 湿婆说他正在冥想一个全能的毗湿奴，而关于这个问题的进一步启示只能从毗湿奴身上得到。

次。书中虽然纳入了与毗湿奴有关的部分内容,但这本书并没有将毗湿奴列为凌驾于众神之上的主神,反而有很多内容都是从湿婆的角度出发的。

《自在梵歌》(Ishvara Gita)是《龟往世书》中的一部分,有些内容与《薄伽梵歌》相似,都借鉴了其他作品,主要讲述了毗湿奴邀请湿婆解说宇宙及宇宙中万物的运作方式。除此之外,书中还阐释了自我或灵魂的本质,以及指导凡人通过练习瑜伽、行事虔诚以在轮回中获得自由。

《林伽往世书》

《林伽往世书》(The Linga Purana)以湿婆的象征林伽命名,最早的内容可追溯至5至10世纪。这本书在过去几个世纪里被反复修改了多次,现存诸多版本。《林伽往世书》以湿婆为重点阐释对象,也因此被那些想对《大往世书》做分类的人纳入了《湿婆往世书》。

《林伽往世书》认为湿婆是阿尔达纳里什瓦拉(Ardhanarishvara),即半女之主湿婆的一部分,其中湿婆代表男性,帕尔瓦蒂代表女性。该书认为,是男性和女性共同创造了宇宙,彼此无法超越却又相互依赖。创世神话数不胜数,其中就有一部分认为是雌雄同体的生灵分裂产生了男性和女性,进而繁衍了后代,创造了宇宙。也有其他版本的创世神话认为女神是力量之源,没有女神,男神就如无源之水,无本之木。

《摩根德耶往世书》

> 创世神话数不胜数,其中就有一部分认为是雌雄同体的生灵分裂产生了男性和女性,进而繁衍了后代,创造了宇宙。

《摩根德耶往世书》(The Markandeya Purana)可能是最古老的《往世书》之一,书名源自一位在该书的两个故事中出现过的圣人。该书没有将任何神明捧上至高无上的地位,关于信徒或供奉神明方式的信息也少之又少,这使得该书尤为特别。但是,该书中包含了一本名为《女神颂》（*Devi Mahatmya*），又名《提毗往世书》（*Devi Purana*）的作品，当中以女神夏克提为尊。《提毗往世书》认为，是夏克提创造了宇宙，奉其为主神。书中借鉴了很多《薄伽梵歌》的内容。诚然，《提毗往世书》的主题是围绕俱卢之野大战的结局展开的，但其中奎师那与般度五子的死亡与《摩诃婆罗多》中的记载并不一致。

据《提毗往世书》记载，湿婆与妻子帕尔瓦蒂为了亲身体会对方对自己的爱，两人同意转世后互相转换性别，帕尔瓦蒂做奎师那，湿婆做拉达。奎师那完成凡尘事务后，告诉般度五子自己打算离开凡人世界。在一次盛典上，奎师那变成了迦梨，引起了黑公主的注意，而这个故事中的黑公主实则又是迦梨/奎师那的分身。此外，书中记载坚战是乘战车升上了天堂，其他四子则是魂魄离体，有的被带至天堂，有的转化成毗湿奴的分身。

上图：摩蹉（Matsya）是毗湿奴的化身，因帮助国王摩奴拯救被困于大洪水的百姓而得到恩赐。摩蹉为摩奴王掌舵之际，借机向百姓传道解惑。

《鱼往世书》

《鱼往世书》（*The Matsya Purana*）以毗湿奴的化身命名。如前所述，《往世书》必须涵盖五个主题或拥有五个标志，即宇宙创世、毁灭与重生的轮回、众神系谱与神话故事、早期人类的起源，以及月亮王朝与太阳王朝的历史。当然，一部《往世书》可以涵盖的主题不止这些，但能涵盖更多主题的书可能并不重要，因为它不是《往世书》。

《鱼往世书》符合《往世书》的定义，它不仅包含了上面那五个主题，还涵盖了有关房屋与寺庙修建的建筑学，以及地理学、管理学、达摩、慈善和瑜伽等内容。该书书名取自毗湿奴的化身摩蹉，他曾在一次大洪水中拯救了人类。这个神话与其他关于大洪水的神话有

印度神话

很多相似之处，如摩奴王和百姓藏身方舟得以存活下来，方舟航行期间，毗湿奴和摩奴王的论述阐释了很多概念，包括缚罗多（一种性爱仪式）的重要性，以及孝道、自律等一些个人行为的意义。

《那拉迪亚往世书》

《那拉迪亚往世书》（*The Naradiya Purana*）（或《那罗陀往世书》（*Narada Purana*）有两本，这令世人非常困惑。其中一本属于《大往世书》，讲述了很多主题，包括编者认可的18部《大往世书》的内容摘要；另一本属于《小往世书》，又称《解脱往世书》（*Brihannaradiya Purana*），着重阐述了人类对毗湿奴的敬意。

属于《小往事书》的《那拉迪亚往世书》解释了达摩、解脱等诸多宇宙原则，还有各种敬拜神明（如犍尼萨）的仪式。与其他《往世书》一样，它也记载了很多朝圣者心向之地的地理和社会情况，特别是恒河谷地区。另一本《那拉迪亚往世书》讲述的是获得永生恩赐的圣人摩根德耶（Markandeya）的故事，毫无疑问，该书是以毗湿奴为主角的，因为是他赐予了圣人这份恩惠。

《莲花往世书》

流传至今的《莲花往世书》（*The Padma Purana*）有很多不同的版本，还有一篇与耆那教有关的同名文章。现存《莲花往世书》的手稿大概有5万颂，根据诸多作品对其的引用可推算原稿大约有5.5万颂。其中部分内容可追溯到750年左右，但人们对手稿的增添和修改至少延续到了15世纪。

与其他《往世书》大同小异，《莲花往世书》囊括了宇宙学、地理学，还有解脱、自我等概念。虽然主题仍围绕毗湿奴展开，但其中有一个章节着重赞美了湿婆。除此之外，书中还苦口婆心地介绍了婆罗门的行为处事之道，包括他作为战士的第二身份，赞扬他

> 属于《小往事书》的《那拉迪亚往世书》解释了达摩、解脱等诸多宇宙原则，还有各种敬拜神明（如犍尼萨）的仪式。

对恶势力的抗争。

《湿婆往世书》

据历史记载，《湿婆往世书》原本有10万颂，经毗耶娑重新编译后剩下2.4万颂。顾名思义，《湿婆往世书》是湿婆教的经典著作之一，所撰内容可追溯至10世纪。其中的大部分内容都比较新，可能是14世纪之前人们所做的修正。该书的主题围绕湿婆与其妻子帕尔瓦蒂展开，颂扬了湿婆、毗湿奴和梵天，且为凡人如何亲近神明指明了方向，但这种方法倾向于个人操作，包括日常保持虔诚和练习瑜伽，而不是盲目地遵从正式的宗教仪式。

《斯刊达往世书》

《斯刊达往世书》（*The Skanda Purana*）以塞犍陀命名，其为湿婆与帕尔瓦蒂之子。《斯刊达往世书》是最长的《往世书》，共有8.1万颂。但根据历史记载，《湿婆往世书》才是最长的。《斯刊达往世书》中最古老的内容可追溯至6世纪，现存手稿经反复修

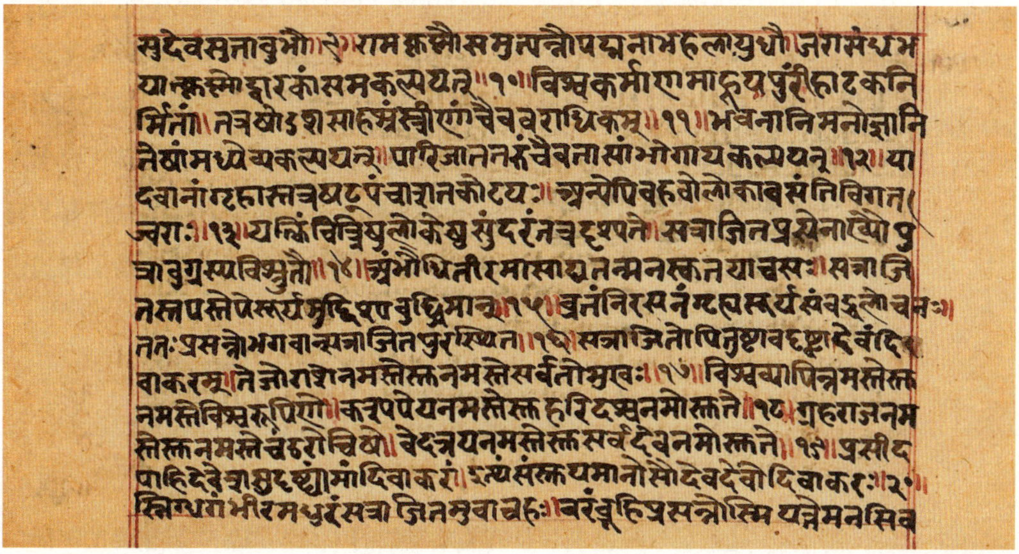

下图：《斯刊达往世书》记载了大量战神塞犍陀如何用各种各样的方式与恶魔缠斗的故事，其中很多故事，如搅拌乳海，在其他典籍中也有叙述。

改，如今已衍生出多个版本。书中除了对达摩和宗教仪式的讨论以外，还讲述了很多与邪恶本身及如何对抗邪恶的内容。

《侏儒往世书》

《侏儒往世书》（*The Vamana Purana*）的内容可追溯至450到900年，但世人更相信晚期的内容。该书的主要内容与湿婆相关，也一如往常地保留了有关其他神明的内容。

《侏儒往世书》几乎没有讲到宇宙学或众人皆知的神话，而是一直在颂扬毗湿奴和湿婆，大部分内容有关教导世人如何朝拜和尊敬湿婆。所以该书的主旨与书名实则是不匹配的，这也是此书历经了修改和变更的证据。

《野猪往世书》

《野猪往世书》（*The Varaha Purana*）以毗湿奴的事迹为主题，尤以其公猪化身为重点。故事中，恶魔黑冉亚克沙将大地女神昔弥藏在海洋之下，后来女神为毗湿奴的化身筏罗诃所救，为此他们二人斗了数千年。书中内容可追溯到10世纪至12世纪，后世人们做了很多修订和增补。《野猪往世书》现存版本很多，但都不完整，其中的2.4万颂都与献身、忏悔和斋戒有关，详细记录了仪式该何时开始，以及可能带来的好处。

《毗湿奴往世书》

《毗湿奴往世书》是有关毗湿奴的《往世书》中最重要的一部，

上图：图片所示为印度哈勒比德（Halebidu）寺庙群墙壁上雕刻的筏罗诃。《野猪往世书》在毗湿奴的事迹上耗费了大量笔墨，代表性内容有关毗湿奴的公猪化身筏罗诃。与其他《往世书》相比，《野猪往世书》为信徒提供了很多实用性内容。

此书奉毗湿奴为主神。这本书对于毗湿奴的信徒而言意义重大，他们把它奉为最重要的宗教文本。据估算，这本书的创作时间为公元前300至公元450年。《毗湿奴往世书》列出了宇宙创世至今的年表、众神与帝王的系谱，讲述了《罗摩衍那》和《摩诃婆罗多》的后续故事。除此之外，书中还讲述了毗湿奴的两个化身，即奎师那和罗摩年轻时候的故事，以及对争斗时代的描述。这是一种相当残酷的描述，当时的世界已经堕落为无法挽救的罪恶深渊，尽管它清楚地表明，正义之士可以通过绝不行恶来自我拯救，而只有通过冥想与行善积德才能与毗湿奴实现统一，直至获得最终的解脱。

所有《往世书》的本质

《往世书》的本质和内容纷繁复杂，难以进行明确的分类。它们所记载的故事有相当多的矛盾之处，且其中的内容明显经过了多次修改和订正。同一本《往世书》的两个现存版本内容也有可能是不一样的，若将其中一个版本的缺失内容等同于另一个版本的缺失内容，显然不是明智之举。

如果要着手处理这不计其数的矛盾之处，视而不见不失为一种方法；按照个人偏好摘出一部分内容，然后宣称其他内容均是错误或无关的，这样做也不是不可以。当然，也许还有一个更好的办法，那便是承认这些著作皆是人为而非神为。《往世书》不是直接来自神明的圣言，而可能是神明在回应某个问题时所做的阐述，然后由不同时代的人根据当时的信仰和偏好做出了相应的解释。

印度教有一个基本概念，凡人渺小如沙砾，根本无法探究世界的全部真理。所以《往世书》虽然囊括了许多真理，但可能并非真正的"真理"，这样想也就不难接受其中的矛盾之处了。如宇宙一般，《往世书》有太多谜团值得人类——解开。

> 《往世书》不是直接来自神明的圣言，而可能是神明在回应某个问题时所做的阐述，然后由不同时代的人根据当时的信仰和偏好做出了相应的解释。

第六章
圣人、帝王等古代先贤

印度神话以伟大的人物为焦点，如帝王、百官、圣人，以及婆罗门阶层的出类拔萃之士。除了偶然的个例，能够崭露头角的普通人寥寥无几。虽然事实是英雄能够改变世界完全仰仗于万民的集体努力，但若改编成故事就不那么精彩了。因此，神话常常只讨论英雄，且认为他们似乎永远特立独行。

大多数普通人充其量不过是神话的背景，或者更有可能是受害者。《罗摩衍那》和《摩诃婆罗多》中常常出现的场景是，成千上万的普通士兵在战场上厮杀，英雄们却早已超越于他们之上，遥不可及。这也许是一种叙述手法，证实了虔诚和庄严的忏悔可以实现的结果：只有超越凡人能力极限之人，才能与恶魔或被赋予神力的人类抗衡。

因此，印度神话中的很多人物都是神明（或他们的仆人）、圣人、帝王或王子的转世，其中一些人物的名字也很相似，令人一头

对页图：战车上，奎师那正在向受人尊敬的阿周那传授众神的智慧和知识。尽管俱卢之野大战造成了众多生命的逝去，但它仍然达到了奎师那为世界消除邪恶的最终目的。

七仙人（七贤）

大熊座中的七颗星星代表七位仙人，他们都诞生于梵天的精神，拥有强大的智慧和力量。其他很多圣人都是七贤的后人，传承了他们影响尘世的神力。有关圣人赐予恩惠或施予诅咒的故事数量繁多，数不胜数。

有些圣人似乎会滥用他们的诅咒，常常给一些不该受到诅咒的人招致厄运。确实，大多数情况下诅咒是无法撤回的，如果他们后悔了，只能设法为其减罪，但结果往往是徒劳的。这可能是一种编写故事情节的技巧，但同时也证明了凡人唯有获得羯磨、重归宇宙才可臻于完美的理念。

根据不同的资料来源，七贤的身份各有说法，下文将一一讲述大众普遍认可的七位。七贤确实很重要，但亦不可过分强调。大部分印度神明都被认为是七贤的后代，而神话中的神明与凡人又有着云泥之别，这两者明显是相互矛盾的。即便是在希腊神话中，半神半人也是凡人（而不是神）的后代，这体现出明显的神性减少趋势。七贤的情况就更为复杂了。七贤不是神，却又有独特之处，他们不只比凡人强很多，有时在宇宙中扮演的角色甚至比神仙还重要。

雾水，无法感知全貌。但也有少数人物令人印象深刻，凭借与重大事件的关联脱颖而出。

仙人阿低利

相传，仙人阿低利诞生自梵天的双眼，他的妻子是阿那素雅（Anasuya），七大女神之一。阿那素雅象征着贞洁和朴素，即使是在艰难困苦的日子里，她仍能为百姓供给衣食。这对天作之合彼此忠贞不渝，堪称世人典范，是诸多神话的共同主题。在神话中，他们拥有许多力量强大的儿子：月亮之神昌德拉（即苏摩）、常常被视为湿婆化身的圣人达塔特拉亚（Dattatraya），以及常以诅咒为乐的敝衣仙人。敝衣仙人曾赐予般度的妻子贡蒂恩惠，可让其拥有众神之子。

敝衣仙人甚至诅咒过奎师那。事情的起因是敝衣仙人让奎师那帮他把吃剩下的香米布丁（用米饭和牛奶制成）涂抹在他的身上，奎师那照做了，但唯独没有涂抹敝衣仙人的双脚，为此他愤怒不已，便诅咒奎师那的双脚不堪一击。

和所有的圣人一样，阿低利也要通过苦行净化自己，以获得神力。胆小之人无法承受苦行，因为肉体疼痛、心灵崩溃都是必经的过程。而阿低利专注于苦行的精神相当强大，甚至爆发了焚毁世界的力量。为了解决这个难题，梵天将这股力量塑造成人形，并将其传送到阿低利的儿子身上，由阿低利的妻子阿那素雅分娩出来，至此凡尘的危机才顺利解除了。

仙人婆罗堕遮

仙人婆罗堕遮创作了大量以医学、语言学和箭术等为主题的传世著作。他与苏西拉（Sushila）结了婚，并育有一名男婴，名为格尔迦（Garga）。苏西拉是一位勇士，属刹帝利，整个家族因尚武

对页图：毗湿奴的鱼形化身摩蹉将摩奴王和七贤送到了安全的地方，因为没有绳子，蛇王婆苏吉就把小船牢牢地系在了摩蹉的身上。

右图：这幅插图选自《薄伽梵往世书》，描述了圣人阿低利和妻子阿那素雅朝拜三相神时的情景。《往世书》中多处提到了圣人阿低利，所述有可能是同一个人，也有可能不是。

名震四方。格尔迦后来也成为圣人，他是难陀（Nanda）的家庭牧师，也是奎师那的养父。

德罗纳是婆罗堕遮的另一个儿子，他的母亲是仙女浓露（Ghritachi）。在《摩诃婆罗多》中，德罗纳既是伟大的圣人，也是战士。这部神圣的经典著作证明了圣人能以战士为副业，而且如果圣人无法靠信徒的供奉维生，也可用这种方式谋生。单论武艺而言，德罗纳在整个刹帝利阶层未逢敌手，这也是他能够成为《摩诃婆罗多》中众多英雄的老师的原因。

仙人乔答摩

乔答摩的能力在众圣人之中数一数二。他的妻子阿诃利耶（Ahalya）为他生了两个儿子：诺达斯（Nodhas）和伐摩提婆（Vamadeva）。和他们的父亲一样，二人也发现了能量很强的可造福万民的祷文。《摩诃婆罗多》《罗摩衍那》等许多文献中都记载了因陀罗引诱阿诃利耶的故事，但细节各有不同。在某些版本中，阿诃利耶是被因陀罗强暴的；也有其他版本记载因陀罗是伪装成乔答摩成功骗过了她；还有版本记载，阿诃利耶是出于某些原因不得已从了因陀罗。

在大多数版本中，阿诃利耶都受到了非常残忍的惩罚，同时，这个故事也引发了大量学者对通奸本质的哲学讨论。有版本记载，乔答摩诅咒妻子变成了石头，而礼待罗摩王子是她能获得解脱的唯一方式。另外，乔答摩恨透了因陀罗，他诅咒因陀罗行房时不举，需以山羊之体代之。受到了如此强大的诅咒，因陀罗不得不耗费数年专于苦行修炼。

据某个版本的《摩诃婆罗多》记载，德罗纳死于乔答摩的羞辱。正当德罗纳与曾经的徒弟兼好友阿周那激烈打斗之时，乔答摩要求德罗纳停止战斗，离开凡尘。德罗纳遵照他的指示开始专心冥想，但也由此丧命。在这个背景下，他的死并不像其他版本所说，是得知儿子马嘶战死沙场的消息后绝望而死。

食火仙人

食火仙人娶了杜赞奇王（King Prasenjit）的女儿哩奴迦（Renuka）为妻，二人育有持斧罗摩等五个儿子。食火仙人的报复

忏悔、苦行与自受苦

这些词的语义一旦与圣人联系上就会产生歧义。以忏悔（Penance）为例，这个词一般是指为过错赎罪，但在印度神话中并非如此。圣人们把身体与心灵遭受的痛苦与剥夺都看作个人履行宗教仪式的一部分。在这种情况下，忏悔就是一种实现精神追求的途径，而不是为过错赎罪的行为。

自受苦（Tapasya）代表着禁食和节制，是圣人们修炼洞察力以获得顿悟的重要方式，在极端情况下，连呼吸也要有所限制。苦行（Austerity）是为了达到目的而采取的手段；自受苦则是冥想，是对精神和身体严加管理。圣人们认为，通过对自己施加各种折磨，可以获得伟大的成就。

心很强，因哩奴迦没能及时取回水致使他的祭祀仪式被毁掉了，他便下令斩杀哩奴迦。其他四位儿子都拒绝了行刑，持斧罗摩却表示了愿意。为此，食火仙人赏了他一项恩赐，持斧罗摩便要求食火仙人复活他的母亲哩奴迦，且原谅另外四位兄弟拒绝行刑的行为。

后来，国王迦哩陀毗里耶（King Kartavirya）杀了食火仙人，盗走了他的如意神牛。为了复仇，持斧罗摩杀了世界上所有刹帝利阶层的人，可他们的妻子又生育和抚养了更多的后代。为此，持斧罗摩不得不斩杀一代又一代刹帝利，反反复复杀了21次。在《摩诃婆罗多》中，持斧罗摩遇到迦尔纳时依然对刹帝利有着很强的恨意，但他当时并不知道迦尔纳刹帝利的身份，所以还是向迦尔纳传授了有关神兵利器的秘诀，直到有一天他知道了真相，便公开诅咒迦尔纳，要他战败而亡。

仙人迦叶波

关于迦叶波的身份有很多种说法。据某些版本的神话记载，迦叶波是另一位圣人摩利支（Marichi）的精神之子。至于迦叶波有几位妻子，又都是谁，各种说法也是截然不同。大多数人认为，迦叶波的妻子是达刹的女儿（包括阿底提在内），且数量有待考证。据相关资料记载，克什米尔地区就是以迦叶波的名字命名的。他抽干了当地湖泊里的水，让自己的信徒拥有了土地，连后世罗摩王子建立的太阳王朝也是在这片土地上。

迦叶波与迦德卢（Kadru）孕育的孩子是娜迦族，与檀奴的后代是檀那婆，与穆尼（Muni）生下了阿婆沙罗（Apsaras），与毗娜达（Vinata）孕育了迦楼罗和阿鲁诺（Aruna）。阿底提为迦叶波生下了12个孩子，名为阿底提耶，他们是太阳神的分身。而底提因生性恶毒，则诞下了属阿修罗族的底提耶一支。底提想通过生下一个比因陀罗更强悍的儿子来打败他，迦叶波恰好为她提供了一个这样的机会。她耐心留意，终于等到迦叶波要进行一个花了整整一年时间

因陀罗发现了底提的诡计，但一直按兵不动。仪式上，因陀罗看见底提忘记了一个小细节，便趁机缩小身躯，进入了底提的子宫。

设计出来的极其严格和复杂的仪式，她要确保自己生下一个武艺高强的儿子。

因陀罗发现了底提的诡计，但一直按兵不动。仪式上，因陀罗看见底提忘记了一个小细节，便趁机缩小身躯，进入了底提的子宫。他将底提腹中的胎儿砍成了七个碎块，让他不会再成为自己的威胁，但胎儿开始放声大哭，因陀罗不断地念叨着不要哭，可丝毫不管用。于是因陀罗心一沉，更加放肆地将胎儿砍成了更多的碎块。结果是，胎儿变成了49个风暴之神，聒噪不已却又精力充沛，名为摩录多。但是，他们最后不仅没有成为因陀罗的敌人，反而臣服于他，为他效劳。

上图：凭借所得恩惠，白昼或黑夜、凡人或动物，甚至所有利器都无法伤他分毫，恶魔黑冉亚卡西普自以为安稳无比。后来，化身为人狮那罗辛哈的毗湿奴发现了黑冉亚卡西普所得恩赐的漏洞，趁黄昏之际伸出利爪杀死了他。

底提还有两个恶魔儿子，分别是黑冉亚克沙和黑冉亚卡西普，他们是毗湿奴的守卫加雅和毗阇耶的化身。这也是他们需三次重生为阿修罗这个诅咒中的第一次，诅咒是因他们曾将一对圣人夫妇拒之门外，不让他们拜访毗湿奴而起。有神话记载，黑冉亚克沙曾将地球（大地女神昔弥）藏了起来，设计引毗湿奴出来决斗；也有传说认为，黑冉亚克沙是对黄金情有独钟，为了得到黄金才把地球搅了个天翻地覆，地球因失去支撑掉进了大海。无论原因如何，结局都是毗湿奴幻化成一头公猪拯救了地球，杀了黑冉亚克沙。毗湿奴之所以化身公猪战斗，源于黑冉亚克沙的一个错误决定。黑冉亚克沙曾从梵天那里求得恩赐，罗列出一连串不能将自己置于死地的世间生物和各种境况，唯独没有提及公猪。

第二次重生，加雅化身罗波那，属罗刹；毗阇耶则重生为了

印度神话

上图：国王妙友谋划着从极裕仙人那里盗走圣牛南迪尼（Nandini），为此引发了一场毁灭性的大战。妙友认为国王的能力和仙人相比根本就不值一提，便也想成为仙人。

他的兄弟康巴哈那。在《罗摩衍那》中，罗波那曾劫持罗摩的妻子悉多，进而引发了可怕的战争，导致他和他的兄弟均在战场中丧命。第三次重生，加雅化身西舒帕勒（Sisupala），拥有三只眼睛、四只胳膊，后统治支提国；毗阁耶则转世为丹塔瓦克拉（Dantavakra），是库鲁萨的国王。

在《摩诃婆罗多》中，西舒帕勒和丹塔瓦克拉二人在坚战举办的一次宴会中丧命。宴会期间，西舒帕勒对奎师那非常不敬，这是他故意为之。因为奎师那曾在西舒帕勒婚礼当日诱拐了他的新娘，西舒帕勒为此深感愤怒，他指责了奎师那；奎师那则将其头颅斩下，了结了此事。为了帮西舒帕勒报仇，丹塔瓦克拉要跟奎师那决一死战，也是迅速被斩杀了。终于，二人结束了三次重生为阿修罗的诅咒。但也有其他版本的神话记载，两人另辟蹊径获得了救赎。因为西舒帕勒和丹塔瓦克拉心中对奎师那的仇恨非常深，所以他们不断地喊奎师那的名字。然而，尽管他们喊出的是辱骂和贬低，奎师那名字本身拥有的力量却使他们脱离了诅咒。

加雅和毗阁耶的最后一世重生为佳盖（Jagai）和玛戴（Madhai），

他们虽属婆罗门，但生性放荡，对奎师那化身柴檀亚（Chaitanya）的门徒们十分刻薄。但门徒们不仅原谅了他们，还赢得了他们的信任。然而，奎师那对此事感到很愤怒，想要斩杀二人，最后门徒们成功地劝阻了奎师那。这件事发生在争斗时代，当时世界已经堕入黑暗的深渊，奎师那奉命尽一切努力减少罪恶。基于这一点，佳盖和玛戴二人当下的所作所为也并不比其他人更糟糕，如果杀了他们，只会招致大屠杀甚至人类灭绝的悲惨后果。于是奎师那做出了让步，同意让二人加入自己的信徒团体。最后，加雅和毗阇耶得以重新侍奉毗湿奴，他们以阿修罗身份经历的生死解除了他们的诅咒。

极裕仙人与众友仙人

极裕仙人和他的妻子无碍（Arundhati）住在恒河边上，因地位神圣，圣牛女神卡玛德亨努（Kamadhenu）赐予了他们一头小牛犊，名南迪尼。南迪尼是财富之源，一直是国王妙友梦寐以求之物。妙友曾带领军队经过恒河，因粮草已尽，便向极裕仙人求助。在南迪尼的帮助下，极裕仙人为饥饿的将士们提供了丰盛的晚宴。妙友得知其中原委后，便打定主意要将南迪尼据为己有。

一开始，妙友开高价购买南迪尼，他愿意用上千头大象和上千匹马，还有一千万头奶牛来交换，但极裕仙人拒绝了。因为南迪尼是因陀罗的恩赐，其价值远不是普通的财富可以比拟的。妙友转而威胁极裕仙人，但也失败了。尽管已经被警示抢夺仙人之物会遭受恶果，妙友还是不顾一切地想抢走南迪尼。南迪尼询问极裕仙人发生了何事，极裕仙人回答说，有人想将她据为己有，是否要随盗贼而去由她自己决定。南迪尼表明了她的想法，并率领野蛮部落的整个军队，携带烧热的煤块攻击了妙友的大军。

妙友战败了，他觉得国王的能力和仙人相比根本就不值一提，便也想成为仙人。他做了很多年的隐士，苦苦修炼，获得力量，但对极裕仙人的恨意却丝毫未减。而当他偶遇了极裕仙人的儿子夏克提时，他觉得自己得到了一个报仇的机会。当时，夏克提因为国王迦摩阁钵陀（Kalmashapada）用马鞭抽打他的恶行，刚对国王下了诅咒，他想让这个嚣张自大的人沦为贪食人肉的罗刹。

妙友正好利用了此事，让诅咒更快地应验了。迦摩阁钵陀返回宫殿后，命人在饭食中藏了一些人肉，赏给那些上门寻求施舍的婆罗门弟子。婆罗门弟子识穿了阴谋，也诅咒迦摩阁钵陀成为贪食人肉的罗刹。这和夏克提的诅咒是一样的。迦摩阁钵陀现在背负着双重诅咒，非常渴望食人肉，他四处寻找夏克提，想把他吞进肚子里。接着，妙友又指使罗刹们对付极裕仙人的其他儿子，直到他们全部被杀。

由于曾经许下不能使用暴力的誓言，极裕仙人无法报复，心灰意冷之际便决定自杀，但兜兜转转没有成功。极裕仙人四处游荡，想摆脱眼前的困境，最后还是返回了家中。到家后，极裕仙人发现他的儿媳已有孕在身，虽然孩子还没有出生，但已经在背诵《吠陀经》了，极裕仙人由此重获生存意志。不久后，极裕仙人在森林里遇到了精神恍惚的迦摩阁钵陀，他正四处寻觅凡人充饥。极裕仙人将霸占迦摩阁钵陀身体的罗刹的灵魂驱逐出去，又命令他以后一定要做一位明君。

迦摩阁钵陀曾向仙人寻求帮助。在被罗刹控制期间，迦摩阁钵陀生吞了一对沉浸在肉欲欢爱中的情侣。其中的男人是一位圣人，他对迦摩阁钵陀下了诅咒，致使他无法生育。而迦摩阁钵陀现在又需要一位继承人，于是极裕仙人便伸出援手，让他的王后怀了孕。但孕期持续了12年仍未结束，最终王后用石头砸开了自己的子宫。

与此同时，极裕仙人的孙子降世了。他就是波罗奢罗，也就是毗耶娑的父亲。极裕仙人把波罗奢罗当成自己的亲生儿子来抚养，直到他得知自己真正的父亲已为罗刹所杀。波罗奢罗想在一场盛大的仪式中斩杀所有罗刹，这当然可以理解，但最后还是被众人劝阻了。众人认为他的愤恨并不公正，不能因为一个罗刹犯错便要整个

婆罗门弟子识穿了阴谋，也诅咒迦摩阁钵陀成为贪食人肉的罗刹。这和夏克提的诅咒是一样的。迦摩阁钵陀现在背负着双重诅咒，非常渴望食人肉，他四处寻找夏克提，想把他吞进肚子里。

毗耶娑是波罗奢罗的儿子，曾多次在《摩诃婆罗多》中出现，据说《摩诃婆罗多》是由他所作。毗耶娑不仅是般度族和俱卢族共同的祖父，他还整理了吠陀典籍，编撰了《往世书》。

罗刹一族付出毁灭的代价。

妙友在历经千难万险的同时，也获得了强大的力量。这时，他遇到了一位名为南十字（Trishanku）的国王，南十字希望众仙人能帮助他进入天堂，包括极裕仙人在内的仙人都拒绝了他的请求，只有妙友答应了。妙友举办了一系列重要仪式请求众神，但众神纷纷拒绝，还想把南十字扔回大地上。妙友只能召唤来无数星星将南十字托住，防止他继续掉落。由于众神始终不肯让南十字进入天堂，他便永远悬挂在了天空中。

妙友专心修炼瑜伽时受到了化身障碍主（Vighnaraja）的象头神犍尼萨的干涉。障碍主发出一阵女人的哭喊声，想转移妙友的注意力，却吸引南十字王的儿子赫里谢金德尔（Harishchandra）寻声而来，妙友这才从冥想中苏醒。障碍主让妙友责骂赫里谢金德尔，赫里谢金德尔只能央求得到妙友的怜悯。于是，妙友让赫里谢金德尔交出除妻子和孩子以外拥有的一切，赫里谢金德尔立马答应照办，这让妙友变得十分猖狂，他又索取了更多东西。

上图：妙友被封为仙人时，仍然没有放下自己的高傲。只有当他的宿敌极裕仙人不再对他有任何怨恨时，他才算了断了最后的尘世恩怨。

赫里谢金德尔已经倾尽所有了，但妙友还是让他许下承诺每月供奉一次。尽管赫里谢金德尔全家已经陷入了一无所有的境地，可妙友仍然强行要他们供奉。赫里谢金德尔被迫卖妻鬻子，但妙友仍不满意，后来他被迫沦为妙友的奴隶，还在火葬场做苦力。一天晚上，赫里谢金德尔的妻子寻来，告知他儿子被蛇咬死了。正当赫里谢金德尔竭力想复活儿子时，众神和妙友出现了，他们告诉赫里谢金德尔这一切都是考验。最后，赫里谢金德尔被送回宫廷，重掌国家大权。

妙友依然没有得到自己寻觅已久的神力，这时他又被美貌的仙

印度神话　　　　　　　　　　　　　　　　　　　　　　　　　　　　　　　　　205

其他圣人

七大圣人的身份说法各异。以鸯耆罗斯（Angiras）为例，有古籍认为他是大圣人玛海仕（Maharishi），也有文献记载，他虽然肩负重任，但不是第一流的圣人。关于他的来历和功绩更是众说纷纭，不过他确因创作了无数吠陀赞美诗而被世人铭记。

薄利古编撰了占星术法则，投山仙人一直守护着地球。为了让阳光不被挡住，投山仙人不准文迪亚山脉野蛮生长；他还饮干海水，找出了恶魔加拉基也斯（Kalakeyas）的藏身之地，赠予了罗摩强大的武器。然而，投山仙人虽然创下了丰功伟绩，但普罗大众并不认为他是最伟大的仙人之一。

关于认定圣人身份的标准也一直是模棱两可的，这很大程度上取决于个人对某位圣人的功绩和价值的看法。世间并没有统一的"圣人标尺"来衡量某位圣人的圣洁、智慧、血统或诅咒力量的程度。

女弥那迦（Menaka）吸引了，二人生育了一个孩子，名叫沙恭达罗（Shakuntala）。后来，妙友意识到弥那迦总是让自己分神，便决然投身禁欲苦修，这件事惊动了众神。梵天提议晋升妙友为大圣人玛海仕，但妙友尚未了断俗世恩怨。

妙友的禁欲修行越来越艰苦，因陀罗不忍，便派出一位有闭月羞花之貌的阿修罗去分散他的注意力。谁知，妙友却诅咒她做一万年的岩石，随后又返回继续苦修。其间，妙友不食不饮不言，甚至呼吸都停止了。众神终于同意妙友成为玛海仕。而当妙友前去寻找自己的宿敌极裕仙人时，极裕仙人已成为婆罗门仙人，位列最高等级圣人之位。

帝王与王族后裔

据说，《往世书》文集中讲述的两大王朝分别是太阳神与月亮神的后裔，他们的祖先都是人类之父摩奴，摩奴曾在毗湿奴的帮助下于洪水中拯救了黎民百姓。当时，摩奴正在河中洗手，一条小鱼游过来向他求助，摩奴小心翼翼地将它捧起，并把它放到蓄水罐里养着。后来，鱼儿一天天长大，摩奴便换了更大的蓄水罐，再后来是定制的大蓄水池、河流，最后是海洋。这条鱼就是毗湿奴的化身摩蹉。为了报答摩奴千辛万苦地帮助自己活下来，摩蹉决定把洪水即将到来的消息告诉摩奴，这才拯救了苍生。他们带上种子和牲畜登上一艘大船，毗湿奴又化身成巨大的鱼儿在水中牵引着大船。洪水退去后，摩奴和百姓重返大地，继续生活。

据《摩诃婆罗多》记载，月亮王朝在俱卢之野大战后几乎全军覆没。史诗中出现的其他帝王有的是他们的敌人，有的是他们的盟友，有时候与《往世书》文集等史料中的重要王朝有关，而其他一些非吠陀时代的后裔则完全是另外的民族了。

婆罗多王

婆罗多王是补卢族的一员，父亲是豆扇陀（Dushyant），母亲是沙恭达罗，后者的出身是个未知之谜。豆扇陀在旅行期间邂逅沙

下图：继绝王与圣人们的关系非常密切。德罗纳的儿子马嘶在还未出生之前就想杀了继绝王，以报俱卢之野大战之仇。后来，马嘶死于圣人的诅咒，然而他生前与圣人们保持着友好的交往，从他们那里习得大智慧。

印度神话

对页图：为了杀掉婴儿奎师那，恶魔布陀那（Putana）试图用沾了毒液的乳头哺育他，然而，奎师那吸干了布陀那的精元，自己却是毫发无伤。

恭达罗，两人结成佳偶。后来，豆扇陀因故不得不离开一段时间，临走时，他给沙恭达罗留下一枚戒指做信物，并让她等孩子出生后再到宫殿与自己相认。然而，一位脾气暴戾的圣人诅咒沙恭达罗，让她从豆扇陀的记忆里消失了，还让她弄丢了戒指，以至于沙恭达罗无法向豆扇陀证实自己的身份。

沙恭达罗和孩子一直住在森林。有一天，一个渔夫在鱼肚子里发现了沙恭达罗的戒指，并把它上交给了国王。至此，沙恭达罗的诅咒得以破解，豆扇陀一路策马疾驰寻找沙恭达罗。在森林中，豆扇陀发现一个小男孩正强行掰开狮子的嘴，数它的牙齿。小男孩向豆扇陀表明了身份，豆扇陀意识到他终于找到了自己的爱人及孩子。

婆罗多王堪称无往不胜，他几乎征服并统一了整个古印度，但他没有将王位传给自己的孩子，而是找了圣人之子布曼尤（Bhumanyu）继承大统。在后世典籍中，人们称赞婆罗多王将王权交给可托之人的行为，并哀叹王位世袭制给昏君掌权创造契机的黑暗时代的到来。

继绝王与镇群王

继《摩诃婆罗多》记载的时代过去之后，继绝王登上俱卢国的王位。在他的统治下，俱卢族尽享国泰民安多年。继绝王晚年曾在一次狩猎途中迷路，与随行的仆人失散了，在又饥又渴之际，他发现一处隐士居所，便想走进去寻求帮助。隐士对他视而不见，专注于冥想，这惹怒了继绝王。他将一条死蛇环绕着放在了隐士的双肩上，以示侮辱，然后转身离去。

隐士的儿子释野（Singrin）觉得受到了冒犯，便诅咒继绝王七天之内被毒蛇咬死。由于隐士本人根本不在意此事，所以他对儿子为自己报复的行为感到非常苦恼。他把释野送到森林里，让他反省思过，还派遣了一位门徒前去提醒继绝王他被诅咒一事。

为了保护自己，继绝王大肆修建防蛇堡垒，构筑防御设施，还

印度神话

上图：置身尘世的奎师那始终被琐事缠身。躲过多次暗杀后，奎师那又历经了很多艰难险阻，且与阿周那相识并成了好友。尽管俱卢之野大战可以如自己所愿，消灭众多世间恶灵，但奎师那还是竭力劝阻俱卢族与般度族开战。

派遣捕蛇能手在旁守卫。但不幸的是，毒蛇恶魔多刹迦（Takshaka）凑巧碰到了一位圣人要进入堡垒，他了解了当前的情形后，开始挑衅圣人，说自己的毒液与他的神力不相上下。多刹迦咬了大树一口，用毒液将其灼伤，圣人见到便略施小法让大树恢复了生机。这让多刹迦惊叹不已，同时心里悄悄盘算着诡计。他提醒圣人，说自己要在某一天咬死继绝王，而他若是败给了自己，必定会名誉扫地。因担心自己的名誉受损，圣人便拿了多刹迦给的许多好处，回到了自己的居所。就这样，多刹迦化身为一只昆虫，藏在水果里，等着被运进堡垒。第七天日落之际，继绝王自以为躲过了诅咒，他拿起水果，看见底下藏着一只昆虫。他大胆地把昆虫放到脖子上，把它比作多刹迦，又对它说，来咬我吧，谁知昆虫一口便咬下去了。紧接着，多刹迦现出原形，向皮肤注入炽热的毒液，杀死了自负的继绝王。

后来，继绝王的儿子镇群王继承了王位，但他对父亲死亡的真相一无所知。直到多年之后，他遇到了一位云游四海的婆罗门弟子才得知一切。镇群王决定为父举行一场祭祀，仪式上所有被点名的蛇都将堕入圣火，遭到焚毁。然而，因为镇群王曾被一只烈犬诅咒，他的这场祭祀并没有完成。

祭祀一开始十分顺利，整个蛇族，无论什么种类，无论是大是小，全都围在圣火周围。祭司开始点名，整整七天，这场蛇族献身圣火的大屠杀一直在持续进行。最终，多刹迦觉醒了，但蛇群的首领还没出现。凭借因陀罗的庇护，多刹迦没有被迫堕入圣火。而当祭司试图喊出多刹迦和因陀罗的名字，让他们一起献祭圣火时，因陀罗选择了自救，任凭多刹迦自己往下坠落。此时，一位名叫阿斯提迦（Astika）的婆罗门弟子上前阻止了。阿斯提迦说他的母亲是加拉特卡鲁（Jaratkaru），娜迦族之王婆苏吉的姐妹。他要求停止献祭，拯救那些善良且无害的蛇于圣火之中，避免接下来发生更多的杀戮。正当镇群王犹豫不决之时，圣人毗耶娑也提出了同样的要求，镇群王对毗耶娑敬畏不已，便答应了他们的请求。

《摩诃婆罗多》的开篇是讲圣人们聚集在一起请求骚底讲故事，紧随其后的一篇文章便是首次提及万蛇献祭圣火一事，意在警告镇群王不要冤冤相报。

多刹迦化身为一只昆虫，藏在水果里，等着被运进堡垒。第七天日落之际，继绝王自以为躲过了诅咒，他拿起水果，看见底下藏着一只昆虫。

奎师那与争斗时代

在印度众多神明与英雄之中，奎师那可谓赫赫有名，也最为高深莫测。众人根本无法判定奎师那到底是神明还是英雄，就连那些潜心钻研神话的专业学者也无法下定论。《摩诃婆罗多》中总是提到奎师那（尤其是在《薄伽梵歌》的部分更为频繁），《往世书》文集中也有奎师那的身影。据部分典籍记载，奎师那是创造了宇宙的至高无上的神。也有传说认为，奎师那是毗湿奴的化身，身负特殊使命来到凡尘。

奎师那的凡尘之父是婆薮提婆（Vasudeva），母亲是提婆吉（Devaki）。婆薮提婆的妹妹是贡蒂，她嫁给了般度。还在娘胎里的时候，奎师那就已经身陷险境。他的舅舅甘萨（Kamsa）曾被警告将死在他妹妹提婆吉的第八个孩子手上，这个孩子就是奎师那，于是甘萨对奎师那起了杀心。为了保护年幼的奎师那，婆薮提婆送走了他，希望他将来隐姓埋名做个牧童。也正是那个时候，他遇到了此生的真爱拉达。

奎师那被托付给难陀和雅秀达（Yashoda）抚养，两人对他视如己出。甘萨没有找到奎师那，便派恶魔布陀那屠杀城里10天之内出生的婴儿。布陀那嗜杀成性，甚至跑到邻国残杀无辜。寻找途中，

印度神话

她发现了一个孩子，且一眼便认出了那是奎师那。她请求村民让自己给孩子喂奶，村民没有丝毫怀疑。布陀那将毒液涂抹在乳头上，只要奎师那一吮吸便会丧命，可布陀那并没能如愿，反倒被奎师那吸干了精元而死。

年轻时的奎师那颇为顽皮，他很喜欢放牛的生活。在长大成人之前，他就已经能够保护村民不受凶恶的公牛恶魔阿里沙苏拉（Arishtasura）的伤害了。阿里沙苏拉前世曾拜在一位圣人门下，因无意顶撞了师父而受到诅咒。今生他化身为公牛恶魔，脾气暴戾异常。奎师那让所有村民都离开，自己一个人与阿里沙苏拉对峙，还痛斥它的恶劣行径。

阿里沙苏拉被激怒了，它冲向少年奎师那。奎师那将阿里沙苏拉顶了回去，可它并不甘心，再次发起攻击。这次，奎师那拽住了阿里沙苏拉的一只角，将它猛地摔了出去，杀死了它。死后的阿里沙苏拉恢复了人形，他告诉奎师那，自己的师父很后悔对自己施加了诅咒，可又无法撤回，为此，阿里沙苏拉不得不化身恶魔大肆破坏，然后被他所杀，最终得以解脱。

奎师那杀死公牛恶魔的消息在村里引起了轰动。圣人那罗陀（Narada）前去拜访甘萨，说预言是真的，他妹妹的第八个孩子的确会杀死他。为了先发制人，甘萨又派出了恶魔凯希（Keshi）去对付奎师那。凯希化身成一匹巨马，却误伤了奎师那的一个朋友，随即遭到了奎师那的反击。随后，每次凯希发起进攻，奎师那就回以迎头痛击，最后他掐住凯希的脖子，令其窒息而亡。

凯希原是拘物头（Kumuda，一种睡莲），他服侍因陀罗多年，因一时糊涂盗窃献祭用的马匹而受罚，转世后便成了马。后因奎师那斩杀其受刑之体，得以摆脱诅咒。斩杀了凯希后，奎师那以科沙瓦（Keshava）之名誉满天下。

奎师那执掌统治大权后，进驻古城德瓦卡，在那里他遇到了阿周那，两人成为好友。奎师那帮阿周那开发潜能，顺利成长为战士。在《摩诃婆罗多》中，俱卢之野大战一触即发之际，奎师那充

凯希化身成一匹巨马，却误伤了奎师那的一个朋友，随即遭到了奎师那的反击。随后，每次凯希发起进攻，奎师那就回以迎头痛击，最后他掐住凯希的脖子，令其窒息而亡。

当了大战双方的调停者。但调停失败了，俱卢族深受刺激，因为他们非常害怕奎师那联手般度族对抗自己，但奎师那的能力又不足以让双方熄灭战火坐下来谈判。命运有时就是如此，有些事情注定无法掌控。

奎师那果然加入了般度族，还成为好朋友阿周那的战车驭手，其所在位置正好可以辅助阿周那保持正确的前进方向，以免他在对战亲友时陷入良心的谴责。没有阿周那，全军覆没的就可能是般度族。奎师那对阿周那的指导载于史上最伟大的哲学宗教典籍之一，即《薄伽梵歌》。

据不同版本的神话记载，奎师那最终死于诅咒。战争结束后，甘陀利的100个儿子全部为俱卢族献出了生命，奎师那想安慰她，却招来了诅咒。甘陀利诅咒他将在未来的36年内丧命，奎师那欣然接受了。虽然他也为这场厮杀感到痛心，可为凡尘清除恶灵的使命终究是完成了。而如果当初他不是自愿接受命运的安排，凡人的诅咒根本无法伤他分毫。最后，奎师那被一位猎人射中了脚踝，随即丧命。

一部分信徒把奎师那奉为至高无上的神明，另一部分信徒则认为奎师那是毗湿奴的化身。因此，奎师那负有双重责任，既要惩奸除恶，又要慈悲为怀。据不同版本的神话记载，奎师那在尘世的化身不止一个。在《摩诃婆罗多》中，奎师那的死亡标志着二元时代的结束，凡尘将正式迎来争斗时代。

最后的时代

从第三个时代到最后一个时代，也就是从二元时代到争斗时代，道德标准日趋下降，灾难与日俱增，世界最终走上末路，无法挽回。此时，湿婆将一举摧毁世界，开启以圆满时代为首的新一轮循环。《往世书》文集预言，奎师那的其中一个化身会在"世界末日"侥幸逃生，为凡人创造赎罪的机会，以逃离罪恶的深渊。在争

> 一部分信徒把奎师那奉为至高无上的神明，另一部分信徒则认为奎师那是毗湿奴的化身。因此，奎师那负有双重责任，既要惩奸除恶，又要慈悲为怀。

下图：奎师那住在村子里的时候，特别喜欢为小伙伴吹奏长笛，也就是在那时，他遇到了拉达，两人迅速坠入爱河。拉达对奎师那的忠诚也开启了印度神话中男女缔结美满良缘的传统。

斗时代终结之时，毗湿奴可以不用再守护支离破碎的世界，湿婆则将旧宇宙揽入怀中，为梵天创造新宇宙铺平道路。新一轮的循环就这样再次开启了。

214

印度神话